定年クリエイティブ

リタイア後の創作活動で後悔のない人生を

中島正雄

ワニブックス
|PLUS|新書

はじめに

みなさん、はじめまして。マリオ中島です。

マリオといっても外国人でもなければ、ハーフでもありません。本名は「正雄」です。20代の頃に仕事でアメリカに渡ったとき、「マサオより、マリオのほうが覚えてもらいやすいかも」と勝手に思い込み、勝手に自分をそう呼ぶようにしたのが始まりです。

のちに「スーパーマリオ」なるキャラクターが現れ、その風貌が私のそれとピッタリ一致したことで一気に「マリオ」は定着し、以来この歳（65歳）になる現在まで、ずっと「マリオ」で通してきてしまいました。

——そんなことはおいておきましょう。

私は長年、音楽関係の仕事をしてきました。

みなさんは、「ビーイング」という会社をご存じでしょうか。会社名に馴染みのない人でも、「B'z」「ZARD」「大黒摩季」——一世を風靡《ふうび》したこれらのアーティストは知っているかと思います。ビーイングというのは、彼ら、彼女らが所属していた事務所、いわゆる音楽制作会社です。

私は、25歳のときに、そのビーイングの設立当初に参加し、以降、制作とマネジメントの仕事に携わりました。自分たちが考えるコンセプトに合ったアーティストを育てるという、当時画期的なスタイルでスタートしたビーイングは、音楽業界でまさに「飛ぶ鳥を落とす」勢いで成長していきました。おかげさまで数々の人気アーティストや記録と記憶に残るヒット曲を世に送り出す最前線で働くという貴重な経験を重ね、代表も務めさせてもらいました。

その後、縁あって日本で一番歴史のある（つまり古い）レコード会社である「日本コロムビア」に転職。そこでは一転、人事や総務、労務といった会社経営に携わることに。

そうして、あらゆる音楽関係の仕事を経験したのちにリタイア。現在は「マリオマネジメント」という自分の会社でいまだに音楽に関わりつつも、ギターを背負ってのバンド活動が最優先、毎日の暮らしの大半をバンドに費やす日々を過ごす〝ブルースギターオジサン〟でもあります。さて――。

定年を迎えたみなさん。おめでとうございます。

いやいや、定年なんてまだまだ先の話ですよ、なんていう方もいらっしゃるでしょう。

毎朝、会社に出かける必要がなくなった日々、毎日が日曜となった日々、どのように過ごしますか。

これまで行けなかった夫婦での旅行三昧ですか？

接待じゃないゴルフを楽しむ日々ですか？

私と同じように、若い頃に戻ってバンド再結成ですか？

それとも自然を楽しむ山歩きを始めますか？

――そういう人は素晴らしい。大いに結構です。

でも、なかには「やることがない」「暇を持て余している」という人もいるのではないでしょうか。そういう人は要注意です。

歳をとったら「キョウイク」と「キョウヨウ」が大事なのだそうです。

「教育」と「教養」ではありません。

「今日、行く（キョウイク）ところがあること」と「今日、用（キョウヨウ）があること」が、定年を迎え、仕事から解放された人たちの毎日に欠かせないということです。

また、こんな言葉もあります。

「小人閑居して不善をなす」

――人は暇だと〝よからぬこと〟をしてしまうということ。確かにそうですよね。人間、やることがなくて暇を持て余していると、ロクなことを考えないものです。

ですから、暇はよろしくありません。

とくに定年を迎えて職をリタイアしたあとは、要注意。仕事という最大の「キョウイク」と「キョウヨウ」を失ったわけですから、仕事以外に「やること」がなければ、仕事人間から一気に「暇持て余し人間」に変身してしまいます。

でも「暇か、暇でないか」というのは、自分で何とかするしかないこと。定年後のスケジュールは誰かが入れてくれるものではありません。自分自身で見つけたり探したり、つくり出したりするものなんですね。

では定年後、大量の自由時間を手に入れた私たち世代は、何を「キョウイク」「キョウヨウ」にすればいいのでしょうか。

そこで私がぜひおすすめしたいのが、「ものづくり」です。もっとカッコよく言えば「クリエイティブ活動」です。

クリエイトするものは、何だっていいんですよ。

音楽好きでギターを弾く人なら、また仲間とバンドを再開した人なら、既存の曲のカバーやコピーもいいけれど、ここはひとつ「自分で作詞作曲したオリジナル曲」に挑戦してはどうでしょう。

文章を書くのが好きな人なら、ブログや日記もいいけれど、ここは思い切って「オリジナル小説」の執筆を始めてはいかがでしょう。

土いじりが好きなら、ベランダにプランターを並べた家庭菜園で野菜づくりをしてみるのもいいでしょう。陶芸を始めて晩酌用のマイぐい呑みづくりにチャレンジするのもいいでしょう。

毎日、何をしたらいいかわからないまま、ボーッと過ごしているなら、ぜひ「カタチのある何かを生み出す趣味」「何かをクリエイトする趣味」を始めてみることを、強くおすすめします。

そうすれば、間違いなく毎日の「キョウイク」「キョウヨウ」ができます。それに、仕事関係の知り合いではない、気の置けない同好の仲間もできるでしょう。また頭をフル回転させるクリエイティブ活動は脳の活性化とボケ防止にもなります。クリエイターになって生活が活き活きしてくれれば、もしかしたら糟糠の妻にホレ直されて、家庭がさらに円満に、という余禄に与《あずか》れるかもしれません。

ほら、いいことだらけでしょう。


この歳になって今さら新しいことを始めるなんて無理？

ものづくりなんて、特別な才能がなければできっこない？

大丈夫。そんなことはありません。

そりゃ確かに、最初から素晴らしい作品をつくろうなんていうのは無理な話です。できっこありません。

でも、何もプロになって高値で販売する芸術作品をつくれなどとは言ってません。アマチュアでいいんです。ド素人でいいんです。何の問題もありません。趣味なんだから。できる範囲で上達すればいいんです。少し上手になったら、「よし、もっと」となるでしょう。上手くできなかったら「チクショー、今度こそ」と思えばいい。

肩の力を抜いて、「クリエイトしている自分」を楽しむくらいでいいんですよ。自分で考えて、自分で工夫して、自分の手で何かを生み出す――この経験が何よりも大事なんですね。

以前、聖路加国際病院の名誉院長だった日野原重明先生の講演を聞く機会に恵まれました。

その当時、先生はすでに100歳に近いお歳でしたので、講演といっても「体力的に考えても、せいぜい30分程度だろう」と思っていたら、2時間たっぷり精力的に話されました。その若々しくてカッコいい姿に、思わず痺れてしまったものです。

日野原先生は、登壇されてすぐ、

「ここに集まっているみなさんは、全員が同じDNAを持っているんですよ！」

と話されました。

「ここにいるみなさん、全員が、いずれ死ぬということです」

すべての人に共通する人生の区切り、それはやはり「死」なのだと――〝アラウンド100歳〟の日野原先生の講演の「ツカミ」としては、かなりのインパクトでした。

その講演でもうひとつ感銘を受けたことがあります。それは、先生が100歳に近くなった今でも、「常に3年先までのスケジュールを決めている」と話されたことです。

来年、いや来月、下手をすれば来週のスケジュールさえ、「ああだこうだ」と決めかねている若者が多いなか、100歳を迎えようとしている先生が、その年齢であっても、常に未来に意識を向けておられること。100歳を超えた先の「キョウイク」と「キョウヨウ」を見据えておられることに大きな衝撃を受けたことを覚えています。

どうせ死ぬまで生きるなら、暇を持て余してただ毎日を過ごすより、日野原先生を少しでも見習って、自分らしい「キョウイク」と「キョウヨウ」を見つけましょう。そのほうが人生、楽しいに決まっています。

だから、定年後はクリエイティブにいきましょう。

定年を迎えてからの人生こそ、クリエイティブであるべきです。

ただのブルースギターオジサンがこうして本を書くというクリエイティブに挑戦しているんですから、みなさんだって大丈夫ですよ。

本書では僭越《せんえつ》ながら、私が考える「定年クリエイティブ」のヒントや心得などをお伝えしたいと考えています。自分と同世代の〝仲間〟に贈る私の思いが、みなさんの毎日の充実に少しでも役立ってくれれば、著者として望外の喜びです。

中島正雄（マリオ中島）

目次

第2章

第1章

定年後はクリエイティブ三昧
――創造すれば、人生まだまだ楽しい！

人生は今や、「60歳で折り返し」の時代に

「生まれてから20歳までは親がかり、そこから100歳まで生きるなら、人生の折り返し点は60歳だよ」――いつだったか、ある方からこんな話を聞きました。20～100歳の80年間が大人として過ごす期間とすれば、その半分は40年。20歳＋40年＝60歳。ここが「大人の人生の折り返し点」になる。

なるほど、おっしゃるとおり。何という素晴らしい考え方でしょうか。

平均寿命が年々延びて、今や人生100年時代。誰もが100歳まで生きることを考える時代になりました。

織田信長が好んだ「人間五十年」は『敦盛』の一節ですが、現代社会では人生の折り返しにも届かない〝中間地点〟でしかなくなりました。

昨今の企業は60歳で「定年」というところが多いようです。定年を迎えたら、仕事を引退したら、そこからは第二の人生とよく言いますよね。これまで、「第二の人生」と

いう言葉は、「老後の余生」とか「人生のオマケ」といったイメージが強かったように思えます。

でも考えてみてください。

「60歳で人生折り返し」なら、定年になってもまだ人生は半分の40年近くも残っているのです。余生やオマケどころか、まだまだ「人生これから」の年齢なんですね。

サッカーでいえば、前半戦が終わり、ハーフタイムを挟んでから始まる「後半戦」のような位置づけでしょうか。

どうも、定年を迎えて仕事を引退してからの人生は、「余生」とか「老後」などと表現され、「人生のロスタイム」的なニュアンスで語られることが多いようです。

でも今の時代、そんな捉え方は大きな間違いです。定年とは、「人生の後半戦」がスタートするホイッスルのようなものなのです。

体が動くかどうか、頭脳が明晰か否かという状態については個人差もあるでしょう。しかし、それも気の持ちようで大きく変わるもの。

定年という折り返し点を迎え、これからの人生後半をいかに楽しく、いかに満ち足りた気持ちで過ごすか。そのためには何を考え、どう行動すればいいのか。この問いに対する「私なりの提言」こそが本書のテーマなのです。

折り返し点の先は「下り坂」じゃない

「60歳で人生折り返し」などというと、60歳をピークにそこから先の人生のグラフは下降線を辿っていく、そんな折れ線グラフを思い浮かべていませんか。

いえいえ、それは大きな間違いです。

人生のグラフは「山形」ではありません。１００歳までずっと右肩上がりに伸ばしていけるものなのです。確かに若かりし頃とは、体や頭のキレは違うかもしれません。前半の40年間と比べれば、グラフの角度はゆるやかになるかもしれません。

それでも、人生これから、まだまだ楽しもう、そんな前向きな気持ちがあれば、人生のグラフは折り返し点を超えてなお、上昇軌道を描くはず。

そもそも「折り返す」とは、「これまで辿ってきた道を引き返す」こと。「頂点から下っていく」という意味ではありません。

私は「折り返す」という気の持ち方がすごく気に入っているんです。仕事という荷を肩から下ろし、これまで生きてきた道を戻りながら、道すがら残してきた「余裕がなくて中途半端にしかできなかったこと」「やりたかったけれど仕事に追われてあきらめたこと」を拾い集めて、もう一度チャレンジする。そんなニュアンスが感じられるからです。

定年で人生を折り返したら、思う存分、「前半にできなかったこと、ずっとやりたかったこと」のリベンジをする。そうした日々が楽しくないわけがありません。

もう一度、声を大にして言います。定年後の人生は「下り坂の長い老後」ではありません。人生のロスタイムでもありません。

まだまだ、いくらでも楽しめる「人生の後半戦」なのです

「自由に決められる」と思うか、「決めなきゃいけない」とうろたえるか

定年以降の人生は、考え方次第で単なる長い老後から「人生の後半戦」に変わると書きました。ここで言う「考え方次第」とは、何を、どう考えることなのでしょうか。

テーブルの上のコップに水が半分入っているとしましょう。それを見て、

「まだ半分も残っている」

と思えば前向きな気持ちになり、

「もう半分しか残っていない」

と思えば後ろ向きな気持ちになる。

半分入っているという物理的な現実は変わらないのに、考え方次第でその人の意識も変わってしまうんですね。

それと同じこと。定年を迎えて仕事をリタイアしたという現実を、

「これからは、何でも自分で自由に決めることができる！」

と考えるのか。はたまた、

「これからは、すべて自分で決めなきゃいけないのか」

と考えるか。

「自由に決められる！」と考えるのは、定年後の人生をポジティブに捉えている人。コップに水が「まだ半分も残っている」と思える人です。

これまでは好きなことをやりたくたって、仕事に行かなきゃならなかった。たまに時間ができたって、仕事でくたびれてそれどころじゃなかった。それがこれからは仕事に縛られず、自分がやりたいことを自分で自由に決められる。こんな楽しいことはないじゃないか、と思える人。

そう考えられる人は、人生もう下り坂、なんて思わないでしょう。それどころか、もうひと花、ふた花咲かせようとウズウズしているに違いありません。

ところが、です。

「自分で決めなきゃいけないのか……」と考えだすと、目の前の道は一気に下り坂に変わってしまいます。会社や役職という枠組みがなくなって、自分がすることは自分で決めなければ何も始まらない生活にうろたえる。自分で決めなきゃ、誰も決めてくれない。自分で決めないから、やることがない。やることがないから何もせずに家でゴロゴロする、金魚のフンよろしく女房のあとをくっついて回る——。

さっき述べましたが、定年してからの人生が40年間もある時代。その間ずっとゴロゴロしているだけでは、さすがにグラフも下降していってしまいます。そのうち頭にも体にもガタがきて、せっかく40年も残っている後半戦を途中で離脱したり、下手をすると突然のゲームオーバーを迎えたりする事態だって考えられます。

それはマズいでしょう。非常によろしくない。

だから、考え方次第なのです。とにかく、まず「これからオレはやりたいことを自由に決められる！」とポジティブに考えること。気持ちが前を向けば、体も頭もエンジンがかかってきます。

だって、もう仕事に追われることもなくなったんですよ。お偉いさんの顔色を窺う必要もないし、リストラにビクビクすることもない。子どもだってもう手がかからない。

みなさんは、やりたいことを、やりたかったことを、自由にわがままに楽しむ時間と資格を手に入れたのです。そのことを喜ばなきゃ、もったいない。

定年は、何ものにも追われない自由を謳歌できる人生後半戦の華々しいスタート。そう考えるだけで、残り40年の〝質〟と〝密度〟が天と地ほども変わってきます。

そう、お楽しみはこれからなのですから。

究極の暇つぶし、それは「仕事、勉強、そして創作活動」

ところでみなさん。長生きの秘訣って何だと思いますか。

適度に運動すること？　バランスよく食べること？　それも正解ですが、もっともっと大事なことがあります。それは、夢中になれる暇つぶしがあること、別な言い方をすると「やりたいことがたくさんある」ということなんです。

平均寿命が30〜40年ぐらいだった江戸時代でも、夢中になれることがあった人はみな長生きしていたようです。例えば、天才絵師と言われた葛飾北斎は88歳、『解体新書』の蘭学者・杉田玄白は83歳、日本地図をつくった伊能忠敬は73歳、人形浄瑠璃の近松門左衛門は72歳――寝食を忘れて打ち込める何かがあった人は、当時の平均寿命から見ればかなりの長寿と言えますよね。

そして時代は移り、今や人生100年時代。平均寿命は驚くほどに延びました。ではなぜ、ここまで人間は長生きになったのか。もちろん、医学の進歩や食糧事情の改善は言うまでもないのですが、もうひとつ間違いなく関係している原因として、「暇つぶしのバリエーションが増えた」ことも挙げられると思うんです。

とくに人生を折り返した後半戦における暇つぶし、仕事を辞めたあとの暇つぶしの種類やクオリティは大きく向上しています。

昔は、歳をとっても打ち込める趣味といったらそんなに種類はなかったけれど、現代は違います。学校で勉強し、会社で仕事をし、それを終えたあとの人生にも、まだずっと楽しめる暇つぶしがたくさんある。スポーツに音楽に、趣味やボランティアなど。そういうことに打ち込める期間が、昔と比べて格段に長くなっています。その長さが平均寿命と比例して表れているのではないか。そんなことを思ったりもするのです。

ひと言で「夢中になれる暇つぶし」と言っても、その内容はさまざまです。そのなかで、もっとも重要で意味があると思われる暇つぶしは何か。

それは「仕事」と「勉強」です。

「えっ？」と不思議に思われた方もいるでしょうね。でも、人間が生きていくという意味であれば、１日のなかで「寝る」「食べる」という生命維持に不可欠な時間以外は、ある意味、暇な時間と言えなくもありません。そして学生時代はその〝暇な時間〟の多くを学校での勉強に費やし、社会人になったら会社で仕事をすることに費やしてきたわけです。だからこそ、仕事も勉強も、人生におけるとても重要な暇つぶしになるわけです。

定年後も、あるいはそんな年齢になっても、その「二大暇つぶし」に邁進《まいしん》する人もいます。どちらも前向きに取り組むことができれば、大きな意味でクリエイティブな人生でしょう。

定年後に大学や大学院の社会人コースで、生涯学習の道を進む人も多いと思います。単なるお勉強から、研究と呼べる領域にチャレンジすることも、かなりやりがいがありそうですし、そこで世代を超えた仲間もできるでしょう。研究は立派なクリエイティブですし、そんな定年後もいいなと思います。

私の知人で、経済的にもかなり余裕のある、そして真面目を絵に描いたような男がいます。彼は大学の社会人コースへ通うことにしたのですが、とにかく選択できる授業をとりまくり、ほぼ毎日朝から夕方まで大学に通い、たった2年でもう選べる授業がなくなったと嘆いていました。真面目すぎるのも困ったものです。もう少しゆったりと、余裕をもって学習し、そのなかから夢中になれるジャンルを見つけ、生涯をかけて突き詰めていくという選択肢もあるだろうにな、と思った次第でした。

また、仕事をし続けるという選択もアリだと思います。経営者や職人さん、あるいは農業や漁業に従事する人のなかには、死の直前まで現役で仕事を続ける人がいます。あとに続く若いもんに迷惑をかけない前提で、これもまたクリエイティブな人生だと思います。

学校での勉強もとうの昔に終え、定年を迎えて仕事も終えました。では、これから先、定年したあとの暇な時間、つまりこれまで仕事や勉強に費やしていた時間をどうやってつぶすのが望ましいのか。

その答えとなるのが、本書のメインテーマである「創作すること＝クリエイトすること」「クリエイティブな活動をすること」なのです。

クリエイティブとは「自己表現する」ということ

クリエイティブとか創作活動とか聞いても、イマイチ「ピン」と来ない。何のことやらよくわからない。何だか難しくてハードルが高そう。強い個性や才能のある人がやることなんじゃないの？——そうした声もあるでしょう。

そもそもクリエイティブとは「創造的であること」、そして「創造する」とは本来「新しいものをつくり出す」という意味です。

でも、私が本書で言うところの「クリエイティブ」の真意は、こうした本来の意味合いや解釈とは少し異なります。私が、人生の後半戦に「極上の暇つぶし」として提案す

る「クリエイティブ」とは、

自分で、自分なりの「価値あるもの」をつくり出すこと。

という意味です。違う言い方をすれば、「自分を表現すること、自己表現」という言葉にも置き換えられるでしょうか。

これまでの仕事のなかで、「自分から何かを発想して何かをつくり出す」という機会があまりなかったという人は多いはず。「定年」という制度がある会社員の方々の場合は、とくにそうかもしれません。

つくることはあっても、それはあくまで「仕事」の一環。誰かから発注を受けてつくる、どこかから要請されてつくるという大きな制約ありきのクリエイティブであり、よほど特別な仕事でない限り、自分がつくりたいものを自由につくる＝自由な自己表現が許されていたわけではないと思います。

でも定年で仕事を離れてしまえば、そこにはもうビジネス的な制約などありません。

自分がやりたいことを、自分のやり方で、やりたいようにやる。自分が「価値がある＝挑戦したい」と思ったものを、誰の顔色を窺うこともなく、誰の指示に従うこともなくつくることができる。これが本来あるべき「クリエイティブ活動＝創作活動」の姿なんです。

音楽が趣味なら自分で作詞作曲をしてオリジナル曲をつくる、絵画が趣味なら描きたい絵を好きなスタイルで描く、盆栽が趣味なら自分好みにこだわった観賞エリアをつくってみる——何でもいいんです。

もともと趣味だったことでもいいし、まったく新しく始めることでもいい。大事なのは「自分の好きなように」「自分がやりたいように」というスタンスです。それは、「自分というものを何で、どうやって表現するか」ということ。何ものにもとらわれずに自分を表現する。そこにこそ大きな「価値」があるのです。

そうやって自分で動いてつくり出した価値は、言ってみれば自分の「資産」です。不動産や株券のようにお金を払って手に入れるものではなく、自分が生み出した貴重な資産だと私は思っているんです。

定年退職後の人生を「ロスタイム」ではなく、仕切り直して始まる「自分のための新たなステージ」と考えて新たなチャレンジをする。新たな行動を起こす。自己表現というプライスレスな価値のある資産を生み出す。そしてそれを運用して、より価値を高めていく。

定年クリエイティブとは、そうしたいい意味で自分勝手な、そしてとにかくポジティブな生き方の総称なのです。

ワクワクすれば、人生はもっと濃く、長くなる——子どもの頃のように

気がついたらもう年末。30歳過ぎたら次の誕生日がすぐやってくるような気がする——。大人、とくに定年を迎える年代になると、こんなことを感じる機会も増えてくるはず。私自身も、子どもの頃と大人になってからでは時間の長さの感じ方が違うことを痛感しています。

以前、NHKの某番組で「なぜ大人になると1年が短く感じられるのか」という疑問

について、ある学者の方が解説されていました。

その先生いわく、「ときめきを感じなくなるから」だそうです。要するに、子どもと大人とでは、同じ時間から受け取る情報の量が違うということ。

確かに子どもの頃は、見るもの聞くものすべてが新鮮、ワクワクすることやときめきを覚えることの連続でした。大人と比べると、同じ1年でもその密度がすごく〝濃い〟ということ。だから、子どもの頃は時間が長く感じるんですね。

ところが人生いろいろ経験を重ねて大人になると、新しい経験や心がワクワクときめく新鮮なことにも、そうそう出合わなくなります。毎日が単調になり、感心したり感動したりする機会が激減してしまいます。つまり、時間の密度が〝薄く〟なってしまう。だから同じ1年でもあっさりと、あっという間に流れていってしまう、時間が経つのが早くなる（早く感じる）というわけです。

次の日に特別な予定がないときはあまり感じないけれど、翌日が遠足だったり運動会だったり、楽しいことが待っているときは、前日の夜がすごく長く感じる。そんな経験、ありましたよね。あれもきっと、楽しいことへの期待で時間の密度が濃くなっているから、なかなか時間が過ぎないと感じるのかもしれません。

20歳をスタートとして60歳を折り返し点と考えれば、定年になったって残りの人生はまだ40年もあります。この時間を「あっという間」に過ごしてしまうか、じっくりたっぷり楽しむかは、時間の密度の濃さにかかっているとも言えますよね。

毎日の生活のなかでときめきを覚えなくなると、時間が過ぎるのが早く感じられるようになる。ならば、生活が新鮮さやときめきで満たされれば、時間はゆっくり感じられるようになるということ。

新しいクリエイティブなことにチャレンジする。ずっとやりたかったことを、満を持して始めてみる。そんな新しい体験、ときめき体験を増やして、単調な毎日に刺激を与えてあげれば、今からだって人生の時間は濃くなります。密度が濃くなれば、人生も長く感じられる。まだまだ、たっぷり楽しめるんですよ。

ただ私は、こうした考え方を「なるほど」と思って素直に受け入れるのがイヤな性格。また、「何にでもケチをつけてみる」のは脳の活性化トレーニングにもなります。そこで、あえて異論を唱えるつもりでいろいろと調べていたら、こんな説に出合いました。

「５歳の子どもにとっての１年は、自分の人生の５分の１の長さ。しかし、50歳の大人にとっての１年は、これまでの人生のわずか50分の１。つまり、５歳と50歳では自分の人生における比率が大きく違う。同じ１年でも比率が小さい分だけ、大人は子どもよりも短く感じる」

だから歳をとった大人にとって１年という時間は、人生のなかの「ほんの少し」という印象になるのだというのです。これはかなり的を射た考え方だと思っています。


でも、こんなことを「ああだ、こうだ」と夢中になって考えている時間が、私にとってすごく長く、深く、そして充実したものに感じられたのは間違いありません。やはり大事なのは、「単調な日々に新しい刺激を与えて、時間の密度を濃くする」ということ。

そうすれば40年の後半戦を何倍にも楽しむことができるんですね。

仲間ができれば人生楽しい――クリエイティブは、定年後の孤独を救う

あるサイトで、内閣府が行っている「高齢者の生活と意識に関する国際比較調査」というデータを発見。興味深く見ていたのですが、平成27年のデータを見てびっくり。60歳以上の人への「家族以外に相談あるいは世話をし合う親しい友人がいるか」という設問に対して25・9％、約4分の1が「いずれもいない」と答えていたんですね。これってどういうことか。要するに、日本の定年を迎える世代の高齢者のうち、4人に1人は、友人が誰もいないということです。これは由々しき問題ですよ。

知人に聞いたのですが、「TNS」が定年後の生活の王道なのだとか。1日中〝テレビ〟を見ているの「T」、ずっとインター〝ネット〟ばかりやっている「N」、外に出るのは〝散歩〟だけの「S」で「TNS」。かろうじて散歩があるのが救いではありますが、テレビとネットばかりでは、ほとんど家から出ない〝引きこもり状態〟になってしまいます。

顔を合わせるのは家にいる〝長年のつれあい〟ただひとり。あとはひとりで画面とにらめっこ。これが王道と言われてしまう状況ならば、「４人に１人が友だちが１人もいない」というデータもうなずかざるを得ませんよね。

日本人、とくに男性には、年齢を重ねてある程度の〝いい歳〟になってから、新しい友人をつくろうとする人が非常に少ないのだとか。

結局、定年を迎えても残っているのは仕事をしていた頃の人間関係だけ。それも仕事を離れてしまえば、そうそう続くものではありません。その結果、一緒に楽しい時間を過ごせる仲間や趣味の合う友人という対象がいない、いざというとき家族以外に頼れる人や相談できる人がいないというわけです。

まだたっぷりと時間がある人生の後半戦、これでは寂しいし、つまらないですよね。だから、クリエイティブな趣味を持つことが重要になるんです。

会社に行かなくなったことで社会との繋がりがぷっつりと切れ、糸の切れた凧のように身の置き所がない——そんな状況から脱却するいちばんの手段が、新しい趣味を始めること、クリエイティブな趣味を持つことなんですね。

ひとりでコツコツ、地道にものづくりに勤しむ。それも素晴らしいのですが、どうせ楽しく、新しいことにチャレンジするなら、外に出て行ったほうがいい。その趣味を仲介にしてほかの誰かとつながりを持つほうがいい。そう思うからです。

例えば、学生時代に熱中したギターに再チャレンジしようと思ったら、ひとりで弾くだけではなく、バンドを組むことを考える。俳句を始めようと思ったら、仲間が集まる句会を探してみる。囲碁を極めようと思ったら、碁会所を探してみる。同じ趣味を持つ仲間を見つけて、みんなで楽しむことを考える。

地元の公民館やコミュニティセンターなどではカルチャースクールや○○教室といった集まりを催しているところがたくさんあります。また熟年大学やシニアサークルなどを開催している地域やボランティアもあります。自分の趣味と合いそうなところを探して足を運んでみるのもいいでしょう。

また、奥さんを仲介にして地域の行事などに積極的に参加すれば、同じように仲間を求めている〝同志〟に出会えるかもしれません。

「え、○○さんも昔バンドやってたんですか？　私もそうなんですよ」

「いやぁ、下手くそなんですけど、定年になって時間があるので、最近また触り始めてね」

「どうです、定年バンド、結成しませんか」

「じゃあさっそくメンバー探しだ。〇丁目の△△さん、昔ピアノやってたみたいだから声かけてみましょう」

――こんな出会いだってあるかもしれません。実際に、奥さんに引っ張り出されて参加した地域行事で知り合った人が参加している「男の料理教室」を紹介されたことがきっかけで料理にハマり、今ではその人たちと「オヤジの料理会」なるサークルを立ち上げて楽しんでいる知人もいます。

みんなこれからの人生を一緒に楽しめる仲間を求めています。みんな同じ趣味で盛り上がれる友人を探しています。ちょっとだけ勇気を出して自分から動けば、きっとそんな〝同志〟と出会えるはず。

私の仕事関係の知り合いに、大手出版社で役員クラスまで務め、10年ほど前に定年退職したという父親を持つ人がいます。出版社という、いわばクリエイティブの最前線にあるような仕事をしてきた人だから、さぞ退職後の日々も充実しているだろうと思っていたのですが、現実は違っていました。

お父さんにはこれまでこれといった趣味もなく、かと言って新しく何かを始めようという気力も持てずで、仕事を辞めた途端に抜け殻状態になってしまったのだそうです。いろいろと事情があって前から奥さんとも別居状態、夫婦関係もギクシャクしていたところに退職後の空虚感——。それも手伝って関係はさらに悪化、やることがないだけに、今では「女房憎し」の感情が増幅していく一方なのだとか。

人生の半分を捧げて勤め上げた会社をリタイアしたあとの人生が負の感情で満たされているというのは、聞いていてもいたたまれない気持ちになってしまいます。彼のお父さんに、何か打ち込める趣味、夢中になれる楽しみがあって、仕事以外で気の置けない仲間の存在があったなら、もしかしたら事態は今とは違っていたかもしれません。

クリエイティブな趣味を持つことが、新しい仲間をつくるきっかけになります。

仲間とともに何かに打ち込むことの楽しさは、人生の大いなる刺激になります。

定年後、人生の後半戦における財産は、お金だけではありません。一緒に人生を楽しめる仲間、友人もまた、大きな財産なのです。

クリエイティブな気持ちがボケを防止する

クリエイティブな趣味を持つこと。新しい仲間をつくること。これらの効用は、人生の楽しみを倍増させてくれるだけではありません。

人生を楽しむ、クリエイティブを楽しむにあたって、その大前提となるもっとも大事なこと、そう健康、とくに「脳の健康」にとってもすごくいいことなのです。

定年を迎えた世代にとって、脳の健康といえば、否応なしに思い浮かぶのが「認知症」というキーワードでしょう。人生まだまだ後半戦が始まったばかりとはいえ、年齢的にはどうしても不安になってしまいますよね。

でも、クリエイティブな趣味を持ち、仲間をつくって楽しむことは認知症の予防にもつながるのだそうです。

脳神経外科の先生に聞いたところ、認知症の予防には適度な運動やバランスのいい食事などのほかに、「知的好奇心」「社会との関わり」、そして「生きがいを持つこと」がとても重要なのだとか。

楽器を弾く人はボケにくい。編み物や手芸が好きな人はボケにくい。料理が好きな人はボケにくい――そうした傾向があるようです。譜面を読んだり、手先を使ったり、手順や段取りを考えたりすることが脳を活性化するという考え方もありますが、それ以上に大きいのは、「楽しくて夢中になる」という気持ち。好きなことを、夢中になって楽しむ。何よりそのことが脳を大いに活性化するのだそうです。

時間を忘れて夢中になれる遊びや趣味は、その人の大切な「生きがい」になります。もっとやりたい、もっと上手になりたい、もっとたくさんの作品を発表したい――この意欲こそが「生きる目標」になるのです。

これまで仕事だけが生きがいだった人はとくに、定年を迎えてから夢中になれる趣味を持つことが大事。それが認知症の予防に大きな効果があるということですね。

また、クリエイティブなものづくりに欠かせない「好奇心」も大事。常に「何か新しいアイデアはないか」「何かおもしろそうなことはないか」「何か作品に活かせそうなものはないか」を探求する気持ち。そうした感性のアンテナをビンビンと張り巡らせている人の脳が、活性化しないはずがないですよね。クリエイティブな意識は、脳を元気にしてくれるということです。

また、クリエイティブな趣味を通じて仲間や友人をつくることも認知症の予防に効果的だといいます。なぜなら、それが「社会との関わり」を生み出すからです。

社会と関わるというと大げさな感じがしますが、突き詰めて言えば、「人と接する」ということ。前述しましたが、定年後の王道である「ＴＮＳ（テレビ、ネット、散歩）」だけでは、下手をすれば家族以外の誰とも関わらずに月日が過ぎていってしまいます。でも、人間の脳というのは、外に出て誰かと言葉を交わしたり、笑い合ったり、楽しい時間を過ごしたりすることで刺激を受け、活性化されるもの。

人は誰かと会話をするとき、脳をたくさん使っています。それだけでも脳への刺激になるのですから、それがお互いに共通する楽しい趣味の話であれば、言うことなしですよね。そんな会話ができる仲間との交流は、脳の健康にとってもすごく大事なのですね。

定年クリエイティブは、人生を楽しむだけでなく、脳の健康にも絶大なプラス効果があると言えます。

定年を迎えた今だからこそ、脳をフル回転させて、クリエイティブなものづくりにチャレンジすることに大きな、大きな意義があるのです。

だから、さあ、クリエイティブを始めましょう！

第2章
「定年クリエイティブ」を楽しむ7つの心得

心得
その1

ものの見方を変えてみよう

既成概念と固定観念を取っ払う——思い込みを捨てれば何かが見える

海は青い。リンゴは赤い。バナナは黄色い。
自転車の車輪はふたつ。
油性マジックで書いた字は消せない。
パソコンのディスプレイは四角い。
大学を出たら就職する——。

こういうのを「既成概念」といいます。既成概念とは、「広く社会で認められ、通用している概念」のことです。
似たような言葉に「固定観念」があります。こちらは「その人の凝り固まったものの見方」という意味です。

コーヒー1杯1000円は高い。

家事は女性がするもの。

A型の人は几帳面。

動物好きな人はやさしい。


こういう主観的な思い込みが固定観念です。

そして、多くの人々がとらわれていて、クリエイティブな活動の大きなハードルになっているのが、この既成概念と固定観念なのです。

例を挙げてみましょう。

「I is 9th.」という英文があります。これを見てどう思いますか。

英語の文法的に間違っている。正しくは「I am 9th.」だろう――。そう思う人も少なくないでしょう。

でも、この「I is 9th.」は英文として間違っていません。正解です。

なぜなら、この英文の和訳は「私は9番目です」ではなく、「〝I〟は9番目です」となるからです。つまり、アルファベットのＩは、ＡＢＣＤＥ――と順に数えると9番目になるという意味の文章なのですね。

これも英文の先頭に「Ｉ」が来れば、それは一人称単数の「Ｉ」のはず、一人称単数につくbe動詞は「ａｍ」のはず（中学英語の授業を思い出しますが）という固定観念のなせる業。だから、「isじゃなくてａｍだろう」と思い込み、「アルファベットのＩ」である可能性を見落としてしまうわけです。

話が難しくなりましたが、既成概念は世の中が、固定観念は自分自身が、「勝手につくった枠組み」であり「こうでなければいけない」という固まった考え方です。

これからクリエイティブに生きるなら、「そういうの捨てましょう」ということ。仕事をしているときは会社のしきたりだったり、業界の決め事だったり、組織の暗黙の了解だったり、大なり小なりそうした制約に発想や思考、行動が縛られていたかもしれません。

でも、もうそうした仕事の制約からは解放されたのです。世間一般の見方やこれまでの自分の勝手な思い込みなど投げ捨てて（でも、もちろんモラルとマナーと法律は守って)、自由にものを見る目を持ちましょう。

もうひとつ、いちばんわかりやすい例を挙げてみましょうか。

定年してから新しいことにチャレンジするのは遅すぎる。

ほら。これなんかまさに「勝手な思い込み、凝り固まった考え方」以外の何ものでもありません。みなさんの心のなかにこんな固定観念があるとしたら、そんなのは今すぐに捨ててしまいましょう。

そうすれば同じものを見ても、仕事をしていた頃とは違った見方ができるはず。新しくておもしろい気づきや発見があるはず。

それが、クリエイティブに生きるということなのです。

※

かつて、仕事でイヤというほど楽曲のレコーディングに立ち会いましたが、そうした現場でも既成概念や固定観念のハードルを感じることがありました。

ヘッドホンで音楽を聴いていると、両方の耳で聴いているのに、バスドラムやベース、そしてボーカル（歌）は真ん中から、ギターやキーボードの音は左右両側から聴こえてくることがわかると思います。

楽曲のレコーディングの最終工程には、このように楽器の音や歌の声を配置して聴こえ方のバランスを整える「ミックスダウン」という調整作業があります。

それぞれの楽器やボーカルやコーラスは、パンポットというつまみを動かすことで、左右の好きなポジションに配置できます。ですからミックスダウンのとき、エンジニアはそれぞれの音を自分の好きな位置に置くことも可能なのですが、昔からの慣習でどうしてもバスドラムやベース、ボーカルをセンター（真ん中）に置いてしまいがちなんです。

その昔、アナログ盤（ビニール盤）のレコードの時代には、技術上の問題で左右のチャンネルには大きな音量の楽器や歌を配置できなかったため、否応なくボーカルは真ん中に置かれていました。

しかしデジタル時代になった今、そうした制約は一切なく、自由に配置できるようになっています。そうした自由度を活かして新しい音づくりにチャレンジしているエンジニアももちろんいます。でも、なかには依然として、かつての決まり事から脱却できないエンジニアもいるんですね。

音楽業界というクリエイティブのど真ん中にいる彼らにこそ、いままでの枠組みから思い切って抜け出すチャレンジをしてほしいものだと思っているのですが……。

ものの見方はひとつじゃない——視点が変われば見え方も変わる

唐突ですが——。

人間にとって睡眠はとても重要で大切な行為なのは誰もが認めるところですね。

そして、「人間は、なぜ寝なければならないのか」という疑問を持ったことのある人も多いはずです。脳の疲れをとるため？　体の疲れを解消するため？　夢を見るため？

いろいろと理由は考えられるでしょう。

まあ、そんなところだろうな――普通ならそこでおしまい。ですが、ここでちょっとだけ視点を変えてみませんか。

「なぜ寝るのか」ではなく、人は（人に限らず動物は）「なぜ起きなければならないのか」と考えてみるのはどうでしょう。

もし「寝ている」のが通常の状態だと仮定したら、「起きる」「目覚める」という行為にはどんな理由があるのか。寝ない理由ではなく、起きる理由という視点で考えてみようというわけです。これ、実際にこの視点でいろいろと考えた人がいます。

「活動せずに寝ている」という状態が普通だとすれば、その状態を維持するために一時的に目を覚まして食料を確保する、外敵を排除したり逃げたりするのではないか。つまり「寝るために起きる」という考え方もできる。その人はこんなことをインターネットで発信しているのです。こうした視点の転換、おもしろいでしょう。思わず目が覚めますね。

では、もうひとつ。今度はコーヒーカップを例に挙げてみましょう。

あなたの目の前にコーヒーカップが置かれているとします。では、そのカップの持ち手はどちら側についているでしょうか？

「右側」と思った人、「左側」と思った人、それぞれに分かれたのではないかと思います。しかし正解は右でも左でもありません。

なぜなら、「こちらから見て右側」なら、「向こう側から見れば左側」になるから。つまり、視点が変われば見え方も変わってしまうからです。

「どちら側か」と問いかけられたら、つい「右か、左か」と思ってしまう。そんなのどっちでもいいじゃんと、そう思ってしまえば発想や思考の広がりはそこまでです。

そこからもう一歩踏み込んで、「でもこうやって見れば、また違って見えるんじゃないの？」と考えてみる。こうした心の余裕、発想の柔軟さがクリエイティブの基本なのです。

ものの見方はひとつではありません。視点が変われば、見え方も変わります。その視点だって見る位置、見る角度、見る環境、見る状況、見るときの気持ち――さまざまな要因で変わります。

今見えているものだけが正しいと決めつけるのではない、もっと別の見方ができないだろうか。こんな視点で見たらどう見えるだろうか。そんな意識を持つ習慣を身につけることで、これまでにないおもしろいものが見えてきます。

ちなみに「コーヒーカップの持ち手はどちら側？」という問いに対する、もっとも正解に近い適切な答えは「外側」でしょう。

偏屈のすすめ――人の言うことに、心のなかで「ケチ」をつけてみる

一般常識とか世の中の慣習とか、広く世間一般で「そうであることが当たり前」と認められている事柄について、「本当にそうなのか？」と疑ってみる。既成概念を取っ払うとは、そういうことでもあります。

いちばん手っ取り早いのは「人の言うことにケチをつける」ことです。つまり、誰かが「これはこうだと思う」と言ったら、常に「本当にそうなの？」「違うんじゃない

の？」と異議を唱えてみましょう。「こうしたいと思う」と言ったら、常に「でも○○しなきゃダメでしょ」「ほかのやり方もあるでしょ」と反対してみましょう、ということです。

誤解のないように言っておきますが、決して〝モンスタークレイマー〟になれということではありません。ですから、そうした異論反論は絶対に口に出して言わないこと。そんなことをしたら、すぐに「偏屈なヤツ」「頑固なヤツ」という烙印《らくいん》を押されてしまいます。

ケチをつけるのはあくまでも自分の頭のなかだけのこと。自分の頭の体操、脳の活性化、ものの見方のトレーニングとして、あえてケチをつけてみるということです。

〝あまのじゃく〟のようですが、そうやってケチをつけることは、ただ「そうだね」「そのとおりだね」と受け入れるより何倍も頭を使います。常にものごとを反対の立場で考えようとすることで、常識や既成概念に凝り固まった脳が大いに刺激されるんですね。

そもそも名だたるクリエイターと呼ばれる人たちは、良くも悪くもみな頑固で偏屈なところを持っています。だからこそ、人が思いつかないような視点で、おもしろくて新しいものをクリエイトすることができるのです。

みなさんも、頭のなかでもっともっと「偏屈」になってみてください。それは自分自身を活性化するためのひとつの方法なのです。

心やさしき偏屈オヤジクリエイター――これって、かなりカッコいいと思いますよ。

心得
その2

好奇心を取り戻そう

「なぜ」「どうして」「どうすれば」という視点で考えよう

みんなが使っているスマホ、その機能は年々向上しています。写真はこんなにきれいに撮れるようになった。スマホだけで支払いもできるようになった、あれもできるようになった、これもできるようになった——。

でも、ほとんどのスマホユーザーがそうした機能以上に求めているのは、「もっと長持ちするバッテリーはないか」だと思うんですね。

私も、すぐに充電が切れることにずっと不便さを感じていました。そこで、素人なりにどんなやり方があるか考えてみました。

そこで、「これだけクラウドサービスが進化しているのだから、空気中の微弱電波をバッテリー変換して、持ち歩いている間でも常に充電されている状態だってつくり出せるのではないか？」——こんなアイデアを思いついたりするわけです。

もちろん自分にそんなことを実現できる技術があるわけではありません。でも頭のなかで「どんな方法があるか」「何かいいアイデアはないか」と自分なりに考えてみる。発想してみる。これが知的好奇心というやつなんですね。

今から55年近く前の話ですが、僕は小学校4年と5年の2年間連続で、発明工夫展で賞をもらったことがあります。4年生のときに発明したのは「ハンコ式印刷機」というもの。底をくりぬいたはがき大の木箱にインクを染み込ませたスポンジをはめ込み、表面に文字や絵を描いた謄写版(ガリ版)をくっつける。これをハンコのようにはがきにポンと押し付ければ、何枚も印刷できる、というもの。まだ世の中にシャチハタとかが出てくる前にこんなことを考えてました。

それで賞をもらって気をよくした私は、次の年、車輪を取り付けてコロコロ転がして使う買い物かごを発明しまして、それでまた賞をもらいました。この車輪付き買い物かごは地元の児童館に展示されていたんです。

とにかく少年時代の私は、四六時中「何かおもしろいもの」「何か新しいもの」を考え、探していました。いや、今だってその好奇心はまったく変わっていません。私がこれまで曲がりなりにも音楽業界という超クリエイティブな世界でずっと仕事をし、結果を出してこられたのは、こうした好奇心を常に持ち続けてきたからなのかもしれません。

クリエイティブなものづくりの基本は、「これ何だろう?」「どうしてこうなんだろう」「こんなふうにできたらいいのに」という好奇心にあります。周囲のみんながおもしろがっているものを見たら、一歩踏み込んで「なぜこんなにウケるんだろう」と考えてみる。

みんなが不満に感じているものがあったら「どうやったら改善できるだろう」と考えてみる。みんなが「おいしい!」という料理があったら、「何が味を決めているのだろう」と考えてみる。ただ見る、ただ感じるだけでなく、そこからもう一歩踏み込んでみる。

毎日の暮らしに「なぜ」「どうして」「どうすれば」を増やしていくことで、好奇心のアンテナは磨かれ、感度も高くなっていきます。それがユニークな発想、新しいアイデアを生む土台になるんですね。

小さな子どもの頃は誰でも、何を見ても何を聞いても、「なんで?」「どうして?」と質問攻めにして大人を困らせたもの。そんなピュアな好奇心を、ぜひ取り戻してください。

心得
その3

「できること」より「やりたいこと」を探す

「できるか、できないか」ではなく「やりたいかどうか」

定年を迎えて仕事から離れ、人生の後半戦をスタートさせた今、やりたいことが明確な人はそれを極めるべく邁進しましょう。

一方で、これまでとくにこれといった趣味もなく仕事一筋で過ごしてきてしまった人もいるでしょう。そんな人は、今からぜひ新しい趣味を探して、見つけてください。

「何か新しい趣味を始めたいけれど、何をすればいいだろう」と考えたとき、いちばんのヒントは、自分が「やりたいこと」「好きなこと」を振り返ってみるということです。

テレビでもおなじみの人気予備校講師・林修先生が、「仕事は『やりたいこと』より『できること』で選ぶほうがいい」ということをある番組で言っていました。好きではなくても自分に向いている仕事を選んで、そこで結果を出せば、人生にはいいことが起きる――そういうことだと思います。

なるほど、そうだと納得した覚えがあります。好きなことを仕事にできている人が無理に嫌いになる必要はないけれど、「やりたいこと」と「できること」「得意なこと」で迷っているなら、そうした選択の仕方もありなのだなと。

でもそれはあくまでも仕事を選ぶときの話です。今、探しているのは人生を楽しむための趣味、人生の後半戦を充実させるクリエイティブな道なのですから。

できないけれど「できるようになりたいこと」、やったことはないけれど「やってみたいこと」、できそうもないと思っていたけれど「ずっと好きだったこと」、そこに後半の人生を充実させるカギが隠されているんですね。もちろん「できること＝やりたいこと」ならそれがいちばんなのは言うまでもありません。


人間というのは、「できるか、できないか」という考え方をし始めると、どうしてもネガティブに、マイナス思考になってしまいがちなところがあります。

今からサックスの演奏なんてできるかな？

――できそうにないな。だって音を出すだけでも大変だっていうから。

この歳からドラムなんて叩けるようになるかな？
——無理でしょ。だって体力ないし、難しそうだし、家にドラムセット置けないし。
こんな不器用なのに料理なんてできるかな？
——いや、包丁で手を切るのが関の山かも。この歳でエプロン姿も恥ずかしいしな。

ほら、こんな感じになるのが想像できませんか。「できるかな？」と考えたら、まず「できない」という方向に流れてしまい、ついでに「できない理由」ばかりを探すようになってしまうんですね。

初めて挑戦することなのですから、「できる」か「できない」かなら、「できない」のが当たり前です。だからこそチャレンジする価値があるんですよ。

だから趣味を探すなら「できるかどうか」ではなく、「やりたいか」「やってみたいか」「できるようになりたいか」を基準にして探すべきです。

いくら「人生100年時代」になったとはいえ、人生が一度しかないという事実は永遠に変わりません。仕事に絡んだいろいろな縛りやしがらみがなくなった今、やりたいことへのチャレンジを妥協していたらもったいない。

あなたがこれから「やってみたいこと」は何ですか？　人生後半戦のお楽しみは、この問いかけから始まります。

クリエイティブに恥ずかしいなんてない
――カッコいい「恥知らず」のすすめ

「やってみたいことはあるけれど、60過ぎて今さら何かを習いに行くなんて恥ずかしい」
「教室やスクールは若い人や女性が多くて、年寄りが参加するのは恥ずかしい」
「不器用だからみんなに笑われそうで恥ずかしい」

――こんなことを考えて、新しいチャレンジに踏み出せない人、やりたいことをあきらめてしまう人が少なくないようです。

なんともったいないことか。

「いい歳をして恥ずかしい」――いいえ、新しいことを始めたり、やりたいことに挑戦したりするのに、若いも年寄りも関係ありません。未知のことにチャレンジするのは若い人だけの特権なんかじゃありません。年齢のこと、周囲との世代のギャップなんて、何ひとつ気にすることなどないんです。何も始めない20代より、いくつになっても前向きで向上心と好奇心を持ち続けているオッサンのほうが、よほど若々しいのですから。

そして「笑われそうで恥ずかしい」――大丈夫、不器用で失敗しようが、どん臭くて間違えようが、誰もこちらを気にしていません。自分で思っているほど、周囲は「カッコ悪いな」なんて思っていないものです。

誰だって最初は初心者なのですから失敗もすれば間違いもする。当たり前です。その「当たり前」を恥ずかしいと感じることのほうが変だと思いませんか。いいんです、上手くできなくたって。だから習っているわけですから。恥ずかしいと縮こまらなくたっていいんです。

私が会社勤めからリタイアして人生後半戦の生き方を考えたとき、心に決めたことがあります。それは「カッコいい恥知らずになろう」ということ。

もちろん、ここで言う「恥知らず」とは、人目もはばからずに異性とイチャつくとか、場所もわきまえずにものを食べるとか、あけすけに〝シモ〟の話をするとか、周囲が引くほど自慢話を続けるとか――そういったことではありません。周囲の迷惑や困惑などお構いなしに自分の都合だけで好き勝手に行動する厚かましい「厚顔無恥」や「礼儀知らず」「マナー知らず」とはまったくの別物です。

私が目指す「カッコいい恥知らず」とは、「不必要な恥ずかしい意識」を捨ててしまおうということ。そして自分の判断基準でやりたいことを選ぼうということです。

カルチャースクールに参加したら、若い学生のなかで自分ひとりだけが還暦過ぎのオッサンだった。何だかみんながこっちをもの珍しそうに見ているような気がする。恥ずかしいか？　気が引けるか？　いや、そんなの関係ない。自分が受講したいから申し込んだのだし、「還暦お断り」なんてどこにも書いてない。だったらいいじゃないか。恥ずかしいと思う必要などどこにもない。むしろ若い友だちをつくる絶好のチャンスだ。だからこっちから話しかけてやるか――。私ならこんな行動に出るでしょう。

好きなことはあるけれど、マイナーでオタクっぽいと思われそうで、しかも自分の年齢を考えたら恥ずかしくて――こんなことを言う人がいます。

私の知人にも、定年してから趣味でラジコンを始め、今では自作するくらいの上級者になったのに、「『子どもの遊び』と思われそうで人に言えない」「オタクっぽく見えそうで人には隠している」という人がいます。これだって、なんともったいないことか。もっと堂々と人に発表したらいいのに、と思ったものです。

熱中できること、夢中になれること、好きなことがある。それだけで立派な「カッコいい大人」です。しかもその趣味を自分で極めている。これこそ、お手本にしたいイケてる定年クリエイターではありませんか。

もちろん、大人の節度や社会人としての常識の範囲内でのことですが、必要以上に他人の目を気にしない。他人にどう見られるかを気にしなければ、自分に正直になれるし、自分のやりたいことに対して素直に行動できるでしょう。

定年を迎え、還暦を過ぎ、自由にできる時間が増えたら、やりたいことを恥ずかしがらずにやる。そんなカッコいい恥知らずになりませんか。

心得
その4

とにかく、やってみよう

始めなきゃ、何も始まらない——やらず嫌いにサヨナラ

定年クリエイターになると言ったって、自分にはできるかどうかわからない。やりたいことはあるけれど、今さら新しいことを始めても、上手になれるとは思えない。だから、まずは自分に向いているかどうか、できるかどうか、じっくり考えてからにしよう。時間はあるのだから、いずれそのうち挑戦しよう——。

そう思う気持ちもわからなくはありません。でも、「〝いつか〟とオバケは出たことがない」「〝いずれそのうち〟はほとんど実現しない」ということは、みなさん、仕事人生で何度も経験し、よくわかっているのではありませんか。

私は「思い立ったら吉日」という言葉が大好きです。やってみたいと思ったら、とにかくやってみる。始める前から上手くいかないことを考えても仕方ない。始めてみなければ、できるもできないも、向きも不向きもわかりません。

「今度やろう」「いつかやろう」という先延ばしグセを解消する方法のひとつが、「５分

でいいから、まず手をつけてみる」だそうです。5分やれば、エンジンがかかってもう10分、あと10分という具合に続いていくものだと。腰が重くなるのは最初にエンジンがかかるまで。一度かかれば一気に走りだせる、確かにそのとおりですよね。

だから、ギターを弾けるようになりたいなら、まずはギターに触りましょう。小説を書いてみたいなら、とにかく何か書き始めてみましょう。

すぐに弾けないのは当たり前。すぐにストーリーが思い浮かばないのも当たり前。でもギターを持たなきゃ永遠に弾けるようにはなりません。書き始めなければ、いつまでたっても小説はできません。昔から言う「千里の道も一歩から」ということなんですね。

クリエイターといっても、何もそれでプロフェッショナルを目指そうというわけではありません（そのくらいの夢を持つことには大賛成ですが）。

だからとにかく始めてみる。始めさえすれば、そのときから「音楽を演奏する人は誰もがミュージシャン」であり、「小説を書いている人は誰もが小説家」です。

〝自称〟でいいんですよ。作品が世の中から高く評価されているか、商業的に成功しているか、といったことはまた別の話なのですから。

まずは自称クリエイターになってしまいましょう。そして、やり続けていけば、少しずつでもできるようになってくるはず。そうすれば、きっともっと、おもしろくなってくるはずです。

クリエイターになるための第一歩は「始める」こと。始めれば、誰もがクリエイターになれる。これからは〝一億総クリエイター時代〟です。

最初から「今さらクリエイターになんてなれっこない」などと考えてはダメ。やらず嫌いなんてもったいない。アントニオ猪木さんだって、こう言ってます。

「試合に出る前に負けることを考えるバカいるかよ」

「できるかできないか」は、やる前に決めることじゃない。やってみてから決めればいいことなんです。

自分が動けば、状況は変わる――必要なのは少しの勇気

今住んでいるマンションで、朝、住人のかたがたとすれ違うとき、私はいつでも自分

から「おはようございます」と挨拶するようにしています。そんなの当たり前だと思う人もいるかもしれません。でも、大きなマンションのようなところでは、同じ棟に住んでいても顔も見たことがないという人が大勢います。そんななかには、敷地内ですれ違っても、無言で通り過ぎる人だって少なくない。そういう時代になってしまったのでしょうか。

それはともかく、私は自分から挨拶すると決めているんです。おもしろいもので、こちらから「おはようございます」と声をかけると、普段は無言で通り過ぎる人でも必ず「おはようございます」と言い返してくれるんですね。「はぁ?」なんて言う人は、まずいません。でも、こっちが言わなきゃ、向こうも言わないわけです。

だから、ただ黙ってすれ違って「なんだ、不愛想なヤツだな」なんて心のなかで毒づくよりも、こっちから先に挨拶することにしています。

自分から挨拶すれば相手も返してくれる。それだけで私の気分がよくなるんです。これが大事なんですね。

もしかしたら、相手だって気分がよくなるかもしれないし、その挨拶がきっかけで交流が生まれ、仲よくなるかもしれません。自分が気持ちよくなるためには、まず自分から主体的に行動してみる。待ってたってダメなんです。

定年後の人生だって同じこと。新しいことややりたかったことに対して「おもしろそうだな。やってみたいな」「やってみようかな」「う～ん、どうしよう」と、何だかんだ迷い、悩み、二の足を踏んでいるうちにタイミングを逃して、結局やらなかった――。こういうのがいちばんもったいない。

やりたい、やってみたいと思ったら、とにかく自分から動いてみる。最初の一歩を踏み出してみる。待っていたって始めるチャンスは都合よくやってきません。やってみれば、自分に向いていることに気づくかもしれません。難しくても楽しくてハマるかもしれません。意外と近くに同志が大勢いるかもしれません。

「金を失うことは小さい、名誉を失うことは大きい。しかし勇気を失えばすべてを失う」

——第二次世界大戦中のイギリスで首相を務めたウィンストン・チャーチルの言葉です。人生の後半戦である「定年クリエイティブ」という生き方にとって不可欠なものも、やってみるというほんのちょっとの「勇気」なのだと思います。

やらず嫌い、やらず不安はナシにして、とにかく、勇気を出してやってみましょう。ゼロを1にすることができれば、定年後の日常は見違えるように変わってくるはずです。

マリオ's コラム ——大黒摩季に自信をもたらした〝勇気〟

『あなただけ見つめてる』『夏が来る』『ら・ら・ら』『熱くなれ』——90年代に一世を風靡《ふうび》し、デビュー25周年を迎えた今も精力的に活動しているシンガー、大黒摩季。私がビーイングにいた頃、彼女ともよく仕事をしたものです。いくつもある彼女とのエピソードでいちばん印象に残っているのが、初めてのライブのときの話です。その当時、私は彼女の制作マネジメントなどを担当していました。

ちょうど彼女の曲が次々にヒットして、一気にスターダムにのし上がった頃のこと。普通ならさっそく全国コンサートツアーなんてことにもなるのですが、大きな問題がひとつ。実は彼女はそれまでコンサートをしたことがなかったんですね。ライブハウスで歌った経験すらほとんどなく、さらにテレビにもほとんど出たことがありませんでした。そんな彼女が、これから先、ライブをちゃんとできるのか。で、いろいろ考えたわけです。

考え抜いた挙げ句、私たちは思い切った作戦に出ました。

普通ならまずライブハウスを経験し、そこから少しずつ規模を大きくしながら野外やイベントなどさまざまなコンサートを経験し、テレビ収録を経験し、生放送を経験し——というステップを辿るもの。でも、それを最初からやるのは大変だろう。だったら、いっそのこと一度ですべての経験を済ませてしまおう。そう考えたのです。

あれは忘れもしない、1997年8月1日。東京・有明のレインボースクエア有明の野外特設ステージに約5万人を集めて、いきなりの初ライブを敢行したんです。

そのライブの一部はテレビ朝日の『ミュージックステーション』でも生中継されました。

その計画を聞いた彼女は、もうびっくりですよ。当日、楽屋入りしてからも緊張しすぎてものすごくナーバスになっている。そこで私は、彼女の耳元でこう囁きました。

「今日、失敗したら終わりだぞ」――。

彼女、真っ青。なんてひどいことを言うヤツだと思うかもしれませんね。でも実は、それが彼女のためだと、私にはわかっていました。

ここが本当の勝負のときだとしっかり意識させたほうがいい。思いっ切り緊張したほうがいい。だって腹を括るしかないんですから。武者震いするくらいに腹を括れれば、もしミスしても逆にそれで落ち着くことができる。無責任に「気を楽にして」「リラックスしよう」なんて言うのは逆効果でしかないと知っていたからなんですね。

そして彼女は腹を括り、勇気を振り絞り、ステージに立ちました。彼女自身、

「ここでやらなきゃ、この先もない」とわかっていたのですね。

結果、初ライブは大成功。それ以降、彼女は全国ツアーを開催するようになりました。いちばん最初にいちばんの極限状態を経験したから、「あのときと比べれば大したことはない」というドデカい自信がついたのでしょうね。

あのとき「やったことがないからできない」と腹を括れずに腰が引けていたら、果たして、その後の大黒摩季の成功はあったかどうか——。

心得
その5

つくったら、発表しよう

定年クリエイティブは、誰かに見せたもの勝ち

しまいっぱなしだったカメラを引っ張り出して、撮影旅行に出かけるようになった。
前からやってみたかった陶芸に挑戦しようと、教室に通い始めた。
これまでは週末しかできなかった「男の手料理」に真剣に取り組み始めた。

定年を迎えて、やりたかったこと、自分を表現するクリエイティブなことを本格的に始めたら、次のステップとして、ぜひ「自分の作品を誰かに見てもらう」ことにチャレンジしてください。

始めたばかりの素人なんだから下手くそでもいいんです。そんなこと、まったく気にする必要なし。とにかく勇気を持って誰かに見てもらう。料理だったら誰かに食べてもらう。音楽なら演奏を聴いてもらうんです。

絵画や書道などは第三者に見てもらうことで飛躍的に上達することもあると言います。

このあとにも触れますが、誰かに見てもらって感想や印象を聞かせてもらうことで、自分の作品のいいところやまだ足りないところ、これから目指すべき方向性などが明確になってきます。

さらに「人に見せる」「人に聴かせる」「人に食べてもらう」といった目標ができると、それが適度な刺激となり、そこから適度な緊張感が生まれて、クリエイティブ活動のモチベーションがグンとアップするんですね。

そして何よりも、自分が好きなこと、夢中になっていること、チャレンジしていることを発信する、大勢の人に知ってもらうのって、すごく気持ちのいいものなんですね。

私も仲間とブルースのバンドを組んでよくライブをやっているので、緊張感に包まれながらも人前で演奏することの楽しさ、お客さんという〝第三者〟に聴いてもらうことの気持ちよさ、拍手をもらったときのめくるめくような快感をよ〜く知っています。

この楽しさや快感は、部屋で、自分ひとりでギターを弾いているだけでは到底味わうことはできません。難しいフレーズを弾けたときでも、自分ひとりで「あ、やった。できた」と得意になるのと、その姿を人に見せて「おお、すごいじゃん」「カッコいいわ」

と評価されて喜ぶのとでは、後者のほうが格段に気持ちがいいもの。誰かに見てもらう快感は、一度でも経験したら、必ずやみつきになります。

もちろん、趣味や道楽として、自分でつくって自分だけで楽しむのもありと言えばありなのですが、前述したように、定年クリエイティブは人生後半戦を戦う自分自身の価値を高めるための「自己表現」の手段でもあります。

ですから、自分だけで完結してしまっては自己表現になりません。誰かに向けて表現する、自分が生み出した作品という「価値」を自分以外の誰かにアピールする。そうすることで、ただの趣味や道楽が「クリエイティブな活動、創作活動」になるのです。

「まだ早い」とか「もっと上手になってから」なんて思わず、自分のチャレンジがカタチになったら、どんどん発表しましょう。

かの兼好法師が書いた有名な随筆『徒然草』に、こんな一文を見つけました。これは「第百五十段　能をつかんとする人」の一節です。

「能をつかんとする人、『よくせざらんほどは、なまじひに人に知られじ。うちうちよく習ひ得て、さし出でたらんこそ、いと心にくからめ』と常に言ふめれど、かく言ふ人、一芸も習ひ得ることなし」

（芸事を身につけようとする人は、とかく「下手なうちは誰にも見せないでおこう。人に見せるならこっそり練習して上手くなってからにしよう。そのほうが奥ゆかしい」と言うが、そんなことを言っている人が、ちゃんと芸を身につけたためしはない）

７００年近くも昔に、兼好法師はこう言っているんですね。誰かに見せることが、自分のプラスになるんです。だから、どんどん発表しましょう。

「今度、こんなのつくったんだ。ぜひ見てくれよ」
「自分でもいい感じにできたと思うんだけど、どうかな」
「忌憚《きたん》ない感想を聞かせてよ」

まだまだ現役とはいえ、みなさんは折り返し点を迎えている〝人生のベテラン〟なのですから、少し図々しいくらいでちょうどいいんです。定年クリエイティブは誰かに見せたもの勝ち。躊躇なんかしてたらもったいないですよ。

現代は、誰もが作品を発表できる時代

今、定年を迎えた人、これから定年を迎えようとしている人は超ラッキーでしょう。なぜなら、現代ほど誰もが自由に、自己表現できる場、クリエイティブな作品を発表できる場が与えられている時代はないからです。

例えば、個人が自作の音楽を発表する手段と言えば、ひと昔前まではライブハウスに出演するか、路上でストリートライブを行うくらいしか方法はありませんでした。そしてその手段だってかなりハードルが高いものだったのです。

ところが時代は変わりました。老若男女、誰もがスマホを使いこなすようになり、ブログやSNS（フェイスブックやインスタグラム、ツイッターなど）、そしてＹｏｕＴｕｂｅをはじめとする動画投稿サイトなども広く普及しています。

今や地位も立場も知名度も関係なく、誰もが実に簡単に、チョチョイのチョイで、世の中に向けて自分の作品を公開・配信することができる時代になりました。

これってすごいことですよね。かつてはプロや一部のマニアだけが可能だったクリエイティブ作品の制作と配信が、誰にだって可能になったのですから。私たちが若い頃には想像もし得なかったことが現実に起きているんです。

こんな恵まれた環境を、定年クリエイティブで活用しない手はありません。

まあ、いきなり「ネットで世界配信」なんていうのはハードルが高すぎて現実味のかけらもないのは当然です。

でも、音楽をやっているなら、ＹｏｕＴｕｂｅをはじめとする動画投稿サイトを活用して発表する。趣味で小説を書いているなら、ただパソコンに保存しておくのではなく、インターネット上の小説投稿サイトに投稿して公開してみる。

ハンドメイドでグッズをつくる趣味がある人なら、メルカリのようなフリマサイトにアップしてみれば、もしかしたら〝買い手〟がつくかもしれません。

またそこまででなくても、フェイスブックのように「友だち限定」という制限をつけて、見てほしい人だけに作品を発表することも簡単にできます。やや上級者向けになりますが、ブログを開設して、そこで自由に作品を掲載するという方法もあります。

いろいろ難しくて面倒ならば、「こんなのをつくったから写真で送ります。見て、感想を教えてください」と、メールに写真を添付して送るだけだっていい。これだけだって、昔ならできなかった発表方法なのですから。

発表する、配信する、公開すると大げさに考えず、「見てもらう」と考えるのなら、今の時代、その手段はいくらでもあるんですね。

そんな〝いい時代〟に定年を迎えたことを大いに喜び、技術の進歩を大いに活用したいものです。

心得
その6

素直に、謙虚に、プライドは棚に上げて

最初は家族や友人など、ほめてくれる人に見せる

ものづくりを始めたら、世の中に向けてどんどん発表し、第三者に評価してもらう。スマホによる〝一億総発信時代〟の「定年クリエイティブ」には、アウトプットの意識がすごく重要だということはすでに述べました。

誰かに見てもらうとなれば、それ相応に緊張感も高まります。他人の目を意識することでモチベーションも上がり、作品のクオリティに厳しくもなります。

さらにそうした第三者の評価から自分には見えていなかった「気づき」や「学び」を得ることも少なくありません。

ただ、有名人がブログで何かを発信したり、誰かがＹｏｕＴｕｂｅに自作の動画をアップしたりすると、その投稿に対しては「いいね！」というプラス評価だけでなく、ものすごく厳しい意見、反論から、口汚いディスりや誹謗中傷などもたくさん寄せられます。

もし自分がネットで作品を発表したら、やはりこんなふうに言われるのか。そんなのイヤだな——と、発表すること、アウトプットすることに二の足を踏んでしまうかもしれません。

確かにそういうこともあるでしょう。ですから、何も最初からいきなり不特定多数の人に発表しなくたっていいんですよ。最初から全世界に向けて配信しなきゃなんて思っちゃったら、そりゃ足がすくむのも当たり前。

例えばつくった作品を、まずは家族（奥さんや子ども、孫など）や気の置けない友人とか、仲のいいご近所さんとか、本当に身近な人に見せる。スタートはそれでいいんです。

大事なのは「自分のなかだけで終わらせない」ということです。

まずは「いいじゃん」「やるね」と、ほめてくれる人に見せる。ゆくゆくは厳しいことも言ってもらわなければ上達しないのですが、いきなりディスられたら、人間誰だって凹みます。だから、最初はとにかく肯定してくれる相手に見せて自信をつけましょう。

まず身近な人に見てもらうのが最初のステップ。そうやって小出しにしつつ自信をつけてから、ネットなどで少しずつ対象を広げていく。発表や発信はこうした段階を踏んでいくのがいいと思います。

最初は狭い範囲での発信であっても、その一歩は、実はすごく大きな一歩です。その大いなる一歩を踏み出せる人と、躊躇して踏みとどまってしまう人とでは、人生後半戦の楽しみ方や充実度合いがかなり変わってくるんですね。

クリエイティブは「笑われてナンボ」——プライドは〝棚上げ〟しておく

定年クリエイティブでは「つくる」だけでなく「発表する、発信する」までを目指しています。しかし、そうなるとまたひとつ「恥ずかしい」「緊張してしまう」というハードルが生まれてくるんですね。

俳句をつくってみたけれど、油絵を描いてみたけれど、オリジナル曲をつくってみたけれど、家族や友人とはいえ、人に見せたり聴かせたりしたら「何だ、それ」なんて笑われそうで恥ずかしい。緊張でガチガチになって失敗しそうで怖い。だから発表するのはちょっと――。そう思う人が多いだろうというのはよくわかります。

でも、恥ずかしくないよりも「恥ずかしい」と思うほうがいい、緊張しないより緊張するほうがいいんですよ。

自分の作品を誰かに見てもらう。人前で演奏する。そんなときに緊張したり恥ずかしかったりするのは人として当たり前です。始めたばかりの初心者ならなおさらでしょう。

当然、作品も演奏もそれほどレベルは高くないし、そのことを自分でもよくわかっているはずです。「やっぱり、自分には無理かも」なんて思ってしまうかもしれません。

でも、大丈夫。何の問題もありません。それでいいんです。

何事も最初はそういうもの。そこから練習して実践して、経験を積んで場数を踏んで――そういう積み重ねによって、少しずつ評価され、認められる。そういうものなのです。プロの人も、プロ顔負けの上級者も、みんな同じ経験を辿っています。いや、プロだって本番の前は緊張もすれば、きちんとできるかという不安にも駆られているんです。

だから気にすることはない。むしろ、緊張してナンボ、恥ずかしくてナンボ、笑われてナンボの世界なんですね。いっそのこと、一度、笑われてしまいましょう。そうすればあとは楽になります。命まで取られるわけじゃないんですから。

笑われたくないと尻込みしていた人が、一度、ドッと笑われたことでかえって度胸がつくということもよくあります。それを境にして、笑われることより見てもらうことの快感のほうが勝るようになったという人も大勢います。

会社で相応に偉くなって役職について部下がいて——という立場にいた人ほど、定年後もプライドが残っていて、「笑われること」が苦手というのはあるかもしれません。

でも定年クリエイティブは人生の折り返し点がスタート。後半戦に臨むにあたって、前半戦（仕事をしていた頃）に築き上げてきたプライド、これまで獲得してきた立場なども一度「ゼロ」に戻しましょう。捨て去らなくてもいいけれど、とりあえず一旦、棚に上げましょう。定年を迎えるって、そういうことなんだと思うんですね。私など家内からしょっちゅう、「あなたはプライドを棚に上げすぎ。少しは下ろしてきてください」とあきれられていますが、そのくらいでいいんですよ。

そうやって心のなかをリセットして、新たな気持ちで新しいことに挑む。忘れかけていた緊張感や恥ずかしさを、新鮮な気持ちで楽しむくらいの余裕を持ちたいものです。

笑われると言えば――。

「自分が出したアイデアを、少なくとも一回は人に笑われるようでなければ、独創的な発想をしているとは言えない」

これはマイクロソフト社の創業者で世界トップの資産家、ビル・ゲイツの言葉です。この言葉を知ってすごく感動し、そして大いに共感しました。思わずスマホのメモアプリに書き留めてしまったほどです。

さらに彼は、マイクロソフト社創立40周年で全社員に、「最初から我々の目標は『すべての机とすべての家庭にコンピュータを』だった」というメッセージを送っています。パソコンなどまったく普及していない時代に、すでにビル・ゲイツはこうした目標を持っていたんですね。

当時は「そんなこと無理に決まってる」と失笑されたでしょう。でも、鼻で笑われるような発想を堂々と掲げられることこそ、ビル・ゲイツの圧倒的に優れたクリエイティブ能力のなせる業なのだと思います。

だから、もし自分のアイデアやものの見方、考え方を誰かに笑われたら、「自分は、笑われるくらい自由な、常識にとらわれない独創的な発想ができたんだ」と思えばいい。だって、そうほめられたのと同じことなんです。

だから恥ずかしがる必要なんてこれっぽっちもありません。ホント、クリエイティブというのは笑われてナンボなんですね。

第三者のダメ出しにはレベルアップのヒントが隠されている

「傍目八目」っていう言葉、ご存じですか。囲碁から出た言葉で、「おかめはちもく」と読みます。囲碁は実際に対局している本人よりも傍から見ている他人のほうが、八目先まで手が読めることから、「当事者よりも第三者のほうがものごとを正しく客観的に判断できる」という意味で使われています。

作品を発表することの意味も、まさにこの「傍目八目」にあるんですね。第三者に見てもらうことで、自分のものづくりはレベルアップし、ひいては作品の価値を高めることにつながっていくということです。

ただ、知っておきたいのは、第三者の評価は必ずしも好意的なものやほめ言葉だけではないということです。自分では「よし、イケる！」と思えた自信作であっても、見た人からは〝ダメ出し〟のごとく厳しい評価を突き付けられることもあるでしょう。

そこで大事なのは第三者からのダメ出しに素直な気持ちで耳を傾けるということ。そのダメ出しのなかにこそ、もっとレベルアップするためのヒントがたくさん隠されています。ケチをつけられて、そのたびに落ち込んでいるようでは成長できません。むしろ「ダメ出しはありがたい」と思うべきなんですね。

私はこれまで音楽関係の会社でプロデューサー、ディレクター、マネジャー、社長とさまざまな立場で仕事をしてきました。でもやってきたことは、どの立場でも基本的に同じ。それは、「誰かがつくってきたものにケチをつける、ダメ出しをする」という仕事でした。

例えば、アーティストが書いてきた歌詞を読んで「ん～、響いてこないんだよね。はい、書き直し」「これじゃ伝わらない。ダメ、もう一回」。アルバムのジャケットデザイン案を見て「何か、地味な感じだね。別のないの？」「意図がまったく見えてこない。やり直して」――とまあ、こんな感じです。

そこでカチンときて、「あんたに何がわかるんだ」「冗談じゃない」とキレちゃう人の作品は、クオリティもそこまで止まり。でも「中島に言われたんじゃ仕方ない。再考してみるか」と持ち帰って再チャレンジしてくる人は、余程の例外を除いて、前よりも格段にクオリティの高い作品を仕上げてくるんですね。

ここをこうしろ、あそこをああしろという具体的な指示は全然していません。でも「何か違う」と思ったら、正直にケチをつけたほうが結果的にはいいものができる。私の感覚的なダメ出しが、クリエイターのレベルアップにつながっている。そういうケースに何度も遭遇して思ったのは、「私は第三者として、安易に『いいね』とほめてはダメなんだ」ということでした。それ以降ずっと、「ダメ出し」が私の仕事になったんです。

定年クリエイティブにチャレンジして作品を第三者に見てもらう際、「いいね、いいね」と何でもほめてくれる人だけに見せてもダメ。ほめられれば悪い気はしないでしょう。でも、「これでいいんだ」と満足してしまえば、そこから先に進まなくなってしまう。

むしろダメ出ししてくれる人、手厳しいことを言ってくれる人にこそ見てもらうべきなんです。そして素直に、謙虚に受け入れて、「何がダメなのか」「何がイマイチなのか」を考える。そこに初めて進歩、進化、成長が生まれます。

ダメ出しというのは言われたほうはプライドが傷つくかもしれないけれど、実は、言うほうはもっとイヤだったりします。適当にほめてお茶を濁しておいたほうが楽なんですから。だから、ダメ出しされたら、「言いにくい指摘をしてくれてありがたい」と思ったほうがいいんですよ。

ケチをつけてくれる人の存在。その〝ケチ〟を謙虚に、素直に聞いて学ぼうとする姿勢。ダメ出ししてくれた人に感謝できる気持ち。それこそがクリエイティブ能力を磨くために必要なことなのですね。

第三者の「相対評価」に一喜一憂しない

自分で考案した創作料理を振る舞ったら、Aさんは「おいしい」と言ってくれたけれど、Ｂさんは「微妙だね……」と言葉を濁した。さて、自分の料理は「おいしいのか、微妙なのか」――悩ましく感じるところでしょう。

作品をつくって発表し、第三者に評価を仰ぐときには、こうした「人による評価の基準の違い」があることを前もって理解しておくことが大事です。

物事の評価基準には「絶対評価」と「相対評価」のふたつがあります。

集団のなかで全体のどの位置にあるかを評価するのが相対評価、ある基準に照らし合わせてそれに達しているかどうかを評価するのが絶対評価です。

わかりやすく言えば、マラソンなら「この大会で2時間10分以内という記録を出した選手に国際大会出場権を与える」というタイムだけで選ぶのが絶対評価、「タイムに関係なく、この大会の上位５人に国際大会出場権を与える」という順位で選ぶのが相対評価ということになります。

そして、覚えておきたいのは、世の中の人々の評価は常に「絶対評価」ではなく「相対評価」だということです。

例えば――。

素晴らしくおいしくて絶品級の味だけど、「1杯1500円」のラーメン。

特筆すべき点のない、ごく普通の味だけど、「1杯200円」のラーメン。


このふたつのラーメンのうち、世の中の多くの人から評価され、支持を集めるのは、まず間違いなく200円ラーメンでしょう。

値段が高かろうが関係なく、味だけの絶対評価ならば1杯1500円のラーメンが評価されるのですが、人々は「この値段でこの味なら十分においしい」という相対評価をするということです。

宇多田ヒカルのデビューアルバムは800万枚のセールスを記録しましたが、その記録は、彼女が当時まだ15歳という条件も大きく影響していると思います。もし彼女が当時30歳を超える年齢だったら、同じ声、同じ楽曲でも、あそこまで売り上げは伸びなかったかもしれません。

つまり「あの若さで、15歳という年齢で、あの歌唱力と曲づくりの才能はすごい」という相対評価が、売り上げのあと押しをしたのではないか、と私は思うんです。

ある若い女性歌手がいます。歌を聴くと、ものすごく下手でどうしようもない。「本当に歌手？」と思ってしまうほどに下手くそです。

ところが、です。その歌手の子、すごくかわいいんですね。スタイルもよくて、顔もかわいい。ほかの女性歌手のなかでも、ルックスはずば抜けています。それを見て、世の男性たちの多くはこう思うでしょう。

「これだけかわいければ、許せちゃうよなぁ」

これもまた相対評価ですよね。「許せる」というのは上から目線的な感じはするものの、要は「このルックスなら、少々歌に難があってもＯＫ」ということ。相対評価によって、歌手としての彼女を評価したということです。

世間一般の人々の評価は、基本的にほぼ相対評価です。

男性の割には料理が上手、女性にしてはギターが上手い、経理職なんだけどトークが巧み、営業職の割には会話が下手、早生《わせ》ミカンにしては甘い、お子さま用カレーの割には辛い、渋滞していた割に早く着いた――。

つまり、誰もが「○○の割には○○だ」というものの見方をしているということ。先のラーメンの話も、絶対的な味の評価ではなく、値段の割にどうか、あの値段であの味なら許せるかがすごく大きな評価基準になっているのです。

冒頭の「自分の手料理への評価がマチマチ」という話に戻りましょう。果たして自分の料理はおいしいのか、おいしくないのか、どっちなのだろう――。人は常に相対評価をするものという前提で、その疑問に答えるのなら、

「気にしなくていい」

ということになります。

「おいしい」と紹介された店に行ったけれど、言うほどおいしく思えなかった――こうした経験を持っている人も多いと思います。

そもそも味覚なんて人それぞれ。何をもって「おいしい」とするかはその人次第です。

なので、ある人の「おいしい」が、必ずしもほかの人の「おいしい」とイコールだとは限りません。

自分の手料理を「おいしい」と評価した人は、「初心者がつくった割には——」「本格的な食材を使っていない割には——」「ウチのオヤジの料理に比べれば——」といった相対評価による「おいしい」である可能性が高いといえます。

「微妙」と評価した人に対しては、そうした相対評価のなかで、「初心者の割にはおいしいんだけど——」「限られた食材の割にはおいしいんだけど——」と、それでも感じたダメ出しをしてくれている。レベルアップのヒントとして言いにくいことを言ってくれていると考えられます。

ですから、第三者の声は相対評価から生まれると思えば「ほめられても驕らず」、レベルアップのためと思えば「ダメ出しされても腐らず」。一喜一憂しても仕方がありません。

評価を素直に受け止めるのは大事ですが、いたずらに評価を怖がったり、必要以上に気にしすぎたりしないことも大事。どんな評価も、自分の能力を高めるためのモチベーションに転化してしまいましょう。

心得
その7

自ら楽しみながら、人を幸せにしよう

誰かをハッピーにしよう――目指すのは〝毛の生えたアマチュア〟

ライブで○○さんの歌を聴くと、何だか元気をもらえる。
○○さんに描いてもらった絵を飾ったら、部屋が明るくなった。
○○さんがネットにアップした小説を読んだけど、感動したわ。
○○さんがブログに上げてたレシピでお菓子をつくったら、子どもに大評判。
○○さんのＹｏｕＴｕｂｅ動画見て、腹を抱えて笑ったよ――。

自分の世界だけで終わらせるのではなく、世の中に発信して人々を幸せにする。何らかの形で「誰かをハッピーにする」ことを考える。これが、私が推奨する「定年クリエイティブ」の在り方です。

自分が楽しむだけでは単なるアマチュアの道楽の域を出ません。ともすれば「自己満足」で終わってしまいます。だからアマチュアの少し先の、「誰かをハッピーな気分にする」という領域まで踏み込もう、というのが定年クリエイティブの考え方なのです。

料理人にしてもミュージシャンにしても、自分が料理したり演奏したりするのが楽しいというだけで、お客さんやリスナーのことはどうでもいい、と考える段階もあります。つまり、アマチュアのスタンスですね。

でもプロフェッショナルの場合、そうはいきません。料理や音楽が「仕事」になると、料理が楽しい、曲づくりや演奏を純粋に「自分が楽しむ」わけにはいかなくなります。プロになった時点で、「自分が楽しむ」という段階はもう終わっているんですね。

では、プロの楽しみは何か。それは、自分が提供するもの（この場合なら料理や楽曲）によって「誰かが喜んでくれること」になるわけです。

自分だけが楽しめればOKなのがアマチュア、第三者を喜ばせることに楽しみを感じるのがプロということになります。

定年クリエイティブとはそもそも、プロになることを目指すものではありません。まず自分が楽しいのが大前提でもちろんOKです。

ただどうせやるのなら、楽しむのと同時に、自分が世の中に発信したものによって、誰かがほんの少しでもハッピーな気分になるという領域、「プロではないけれど、ただのアマチュアよりは上」のレベルを目指しませんかということです。

そうした意識を持つと、いろいろ楽しいものが見えてきますよ。

自分の楽しさをどうやったら第三者に伝えられるか、第三者を感動させるにはどんなことを意識すればいいか、どうすれば喜んでもらえるのか、世の中の人たちはどんなものに興味や関心があるのか、何が今流行しているのか、何がこれから流行しようとしているのか——自分が楽しめばいいという視点に「誰かを楽しませるために」という視点が加わることで、ものの見方が大きく広がります。

そうした意識を持ち続ければ、誰かを楽しませること、誰かをハッピーな気分にさせることを考える、そのこと自体が自分の楽しみにもなってくるんですね。

つまり、定年クリエイティブの目標とは、自分が楽しめばいいというアマチュアの少し上、アマチュアに少し毛が生えたくらいの、言うなれば「毛の生えたアマチュア」になりましょうというものです。

しかも基本的にはアマチュアですから、プロのように締め切りや予算、売上成績といった制約があるわけでもありません。第三者のためといっても、自分がやりたくないことまでやる必要など全然ないわけです。

プロではないけれど、アマチュアよりも上。
自分が楽しみながら、同時に誰かをハッピーにする。
誰かをハッピーにすることが「自分の楽しみ」になる。

定年クリエイティブのおもしろさの神髄はここにあります。

「誰かのため」の思いが自分の脳を元気にする

夢中になれる趣味を持つことは認知症の予防になる——前の章でこんな話をしました。
これもやはり脳外科医の先生にお聞きしたのですが、実は、認知症の予防にはもうひとつ、「誰かのためにやる」という意識を持つこともすごく大切なのだそうです。

つまり、自分が誰かの役に立っている、誰かが喜んでくれる、誰かに必要とされているという気持ちが大きな生きがいになり、脳の活性化につながるのだと。もっと広い見方をすれば、自分が社会に貢献できているという気持ちが大事なのです。

私が考える定年クリエイティブの在り方は、まさにこの「誰かに喜んでもらう」という意識が大きなポイントになっています。自分が夢中になって楽しんで取り組んだ成果を、自分以外の誰かに発表し、評価してもらう。その評価を励みやバネにしながら腕を磨き、レベルの高い低いはあっても最終的には「自分の作品で誰かがハッピーになる」というレベルを目指す。

自分がつくったもので誰かがハッピーになる。誰かが喜ぶ。そうすれば、当然ながら、自分だってすごくうれしいですよね。うれしいから、もっとやる気が湧いてくる。もっとレベルアップしようと頑張る。これこそ、クリエイティブが生むハッピーな「ｗｉｎ－ｗｉｎ」の関係です。

こんな前向きなモチベーションを胸に抱いている人は、脳だってバリバリ活発に動いているはず。確かに認知症だって遠ざかっていくでしょう。

クリエイティブは人のためならず。自分の大切な健康のためでもあるんです。

まず自分が楽しもう——定年クリエイティブは「苦行」じゃない

ただ、ここで気をつけたいのが、「誰かのため」ばかりを考えて、自分が楽しめなくなるという本末転倒です。誰かをハッピーにしようという意識も大事だけれど、それ以前に、まずは「誰よりも自分がいちばん楽しい」のが大前提なのですね。

目指しているのは〝毛の生えたアマチュア〟ですが、何もボウボウになるまで生やす必要はありません。アマチュアに自分以外の誰かのハッピーという「毛」を、チョロッと生やせばいいんです。

つまり誰かを楽しませることも大切ですが、自分が楽しむことはそれ以上に大切だということです。自分が楽しめていないのに、ほかの誰かを楽しませることなどできません。自分自身が喜びや充実感を味わえていなければ、その作品からは「楽しめていない感」がにじみ出てしまいます。

やらなきゃいけない。つくらなきゃいけない。誰かに認められなきゃいけない──「～なきゃいけない」という気持ちで取り組んだところで、自分が納得できるものも、誰かが感動するものもできはしません。

定年クリエイティブは、「苦行」ではありません。義務感に縛られた苦行によってクリエイトされたもの（それは、もはやクリエイティブな活動と言えないかもしれません）では、誰かをハッピーな気分にすることはできないでしょう。

自分が心の底から楽しいと思って取り組んでいると、そのプラスのエネルギーは、自然に周囲にも伝わります。何かを楽しんでいる人や何かに打ち込んでいる人は、普段のときもその表情や姿勢、口調までが変わってくるんです。

当然、周囲の人たちだってそれに気づきます。「○○さん、最近活き活きしているよね」「いつも楽しそうだね」「すごく若々しいよな」──。そしてみんな、その理由を知りたがるでしょう。

「陶芸を始めたんだって？　おもしろそうだね。私もやってみたいなぁ」

「バンドやってるの？　いいね。オレも久しぶりにギター、引っ張り出してみようかな」

「料理にハマってるって？　ぜひ食べてみたいな」

自分に楽しみがあると、自分だけでなく、周囲の人にも楽しさが広がっていくものなんですね。

第3章

こうすりゃ簡単！
定年クリエイティブの始め方

始め方
その1

まず、カタチから入ろう

「もっとやりたくなる環境」を整える――人は環境によって動く

ダイエットしようと思い立って自宅にマシンを買って始めたけれど、すぐ飽きてやらなくなる。そんな人も、スポーツジムに行くと自宅でやるより真剣になって頑張れる。自分の部屋で勉強しているとすぐに集中力が切れて遊びに行きたくなる。そんな人も、図書館に行って勉強すると家でやるよりずっと捗る。

似たような経験がある人、多いんじゃありませんか。

ちなみにB'zの稲葉浩志さんは自宅にトレーニングマシンをズラリと揃えて常に筋トレしていますが、あれは彼が恐ろしくストイックで強靭な精神力があるからできること。普通の人は自宅にどんなに高級な器具を揃えても、絶対に続かないでしょう。

そんな普通でストイックではない私たちでも、ジムならトレーニングが続けられるのはなぜか。図書館なら勉強に集中できるのはなぜでしょうか。それには理由があります。

なぜなら「周囲の人もみんなやっているから」です。

スポーツジムに来る人は、みんなトレーニングするのが目的の人。図書館に来る人は、みんな勉強するのが目的の人。みんなが集中してやっている環境に身を置くことで、自分も「よし、やってやろう」と自分の目的に集中できるというわけです。

私の知り合いに、仕事をリタイアしてから囲碁にハマったという男性がいます。働いているとき先輩に勧められて碁を始めたのですが、当時はそこまで興味を持てず、先輩の手前ほとんど〝お付き合い〟でやっていたそうです。

ところが仕事を辞めてから、ひょんなことで近所の碁会所（囲碁好きが集まって碁を打つ施設）に顔を出してから、一気にハマったといいます。そこに行けばみんなが碁を打っている。強い人も初心者もいる。そこで初心者の人と打って負けたことが悔しくて、そこからのめりこんでいったのだと。

家でひとり詰め碁（碁の打ち方を勉強するクイズのようなもの）をしてもすぐに飽きてしまうけれど、碁会所に行くと何時間でも打っていられるのだとか。ライバルに囲まれている今は、かなり腕を上げたと聞きます。

朱に交われば赤くなる――なんて言葉がありますよね。環境は人を動かします。人は環境次第でいかようにも変わります。私たちの思考も、発想も、行動も、置かれている環境によって大きく左右されるのです。

だから、新しく始めたいことがあったら、教室やカルチャースクールなどに通うのもいい方法だと思います。

陶芸を始めたいなら陶芸教室に通ってみる。油絵を描きたいなら、俳句をやってみたいなら、カルチャースクールなどの講座を探して受講してみる。

家で独学もいいけれど、ひとりだとつまずいたり煮詰まったり、モチベーションが下がったりすることも多いんですね。でも、みんなが同じことにチャレンジをしている環境に身を置けば、「よし、オレだって」と刺激を受けて、自然とやる気が湧いてくるものです。

だから、「どうしよう」なんて迷っていないで、思い切ってやりたいことが待っている場に身を投じてみましょう。その環境がきっと、やる気の背中を押してくれますよ。

ZARDもB'zも、最初は歌詞を書かなかった

例えば、私が以前勤めていた音楽制作会社ビーイングでは、所属するアーティスト全員に、曲や詞を自分で書かせるんです。つまり、すべての曲を自分たちで作詞作曲するというルールがあったんですね。

ただ、ビーイングには数多くのアーティストが所属していますが、私たちが彼らと知り合い、「いいな、いけそうだな」と目をつけた段階、そしてビーイングに所属が決まったばかりの段階で、詞を書いたり曲を書いたりしていたアーティストは、ほぼ誰もいませんでした。

それこそ、ZARDや大黒摩季、B'zといった、のちに彼らの書いた歌詞の世界観が高く評価されることになったアーティストたちも、最初はみな、詞も曲も書いたことがなかったんですね。

彼らはみな、この事務所の「ウチはみんな詞も曲も自分で書くことになっている」というルールがあったから書く、そこからスタートしているんです。

　事実、先に所属している先輩アーティストもみんな、そうやって自分で書いている。これまで書いたことがなかったけれど、そういう環境に置かれて書き始め、そして元々持っていた類まれなる才能が大きく開花した――というわけです。

　人は置かれた環境次第でいかようにも変わりますし、周囲の環境がその人をポジティブに動かすこともある。気づかなかった才能に気づかせてくれることも、引き出してくれることもあるんですね。

新しい趣味を始めるなら「カタチ」から入る

　ここで言う「カタチから入る」とは、「道具から入る」ということです。

　趣味の道具を揃えるとき、憧れている人やプロフェッショナルの人が使っている道具を真似するという人も多いでしょう。

　ギターを弾きたいなら、自分が大好きなプロギタリストが使っている「〇〇モデル」のギターやアクセサリー類を揃えたり、写真を始めるなら、好きな写真家が使っているカメラメーカーの製品を選んだり――。カタチ（道具）から入るとは、ポジティブな意味で「パクる」ことでもあるわけです。

あの人みたいに弾けるようになりたい。道具を真似ることがモチベーションにつながるのなら、それだっていいいんですよ、全然。

以前、テレビ番組で心理学の先生が「新しい趣味を始めるなら、ある程度グレードの高い道具を買ったほうがいい。いいものを使うことで能力が引き出される」という内容の話をしているのを耳にしたことがあります。

要するに「ギターに挑戦したい」と思ったら、まずギターを買う。経験者に教えてもらって〝そこそこいい〟ギターを買う（もちろん経済状況との相談ですが）。

書道を始めようと思い立ったら、そこそこいい筆と硯を買う。油絵を始めるのなら、中級レベルくらいの、そこそこいい絵の具を揃える――ということ。

いいものを使うことで、脳がよりそのものの機能を活かそうと考えるからなのだとか。

確かにゴルフにしても、最近は「いいクラブを使えば、格段に腕が上がる」らしく、初心者だからとグレードを落としすぎないほうがいいという人もいます。

それに安い道具だったり、人から借りてばかりだったりすれば、三日坊主でやめたところで「もったいない」と思いませんよね。でも最初からいい道具を手にすれば、「せっかくこれだけ揃えたんだから、簡単に投げ出したらもったいない。気合を入れてやるぞ」という気分にもなるでしょう。

つまり〝元を取ってやろう〟という意識が生まれるということ。最初はそんな気持ちでも、その気持ちで続けることで楽しさがわかってくるということはよくあるんですね。

それに、損得勘定だけではなく、自分が好きなものにこだわって、しっかり選んで、最初に買った道具には、それだけ大きな愛着が湧きます。愛着があればあるほど触りたくなる、使いたくなる。そしてもっと使いこなしたくなる。やる気だって高まるはずです。

カタチが「セルフイメージ」を高める――「気分は○○」、これが大事

カタチ（道具）から入る。いい道具を揃える。それがいいのは「その道具に見合った実力をつけなきゃ格好がつかないよな」という気持ちが生まれるからでもあります。

人はイメージしたとおりの自分になれるとよくいいます。願えば叶うともいいます。だから例えば、ギターを始めようと思ったら、ステージで大きな歓声を浴びながらカッコよくギターソロを演奏している自分の姿をイメージする。テニスを始めるなら、コートで颯爽とスマッシュを決める自分をイメージする。油絵を始めるなら、まずは大きくて真っ白なキャンバスに向かって、真剣に絵筆を運ぶ自分をイメージする。

こうしてポジティブに自分が「なりたい姿」をイメージし続けることで、現実の自分を少しでもそのイメージに近づけようとする意識が働く、というわけです。今風のカッコいい言い方をすれば、「セルフイメージが高まる」ということでしょうか。

そして、そういう〝イケてる〟自分の未来予想図をよりリアルに実感するためのいちばんわかりやすい方法が、まず自分が好きな道具、やりたくなる道具、テンションが上がる道具を揃えることなんですね。

気分はプロギタリスト、気分はプロテニスプレーヤー、気分は有名画家――。そう、この「気分は」というテンションがすごく大事なんです。

知り合いに趣味は五十路を過ぎてから始めたバドミントンという編集者がいるのです

が、彼はいちばん最初にシューズを買うとき、男子バドミントン日本代表の桃田賢斗選手のモデルを選んだといいます。買うまでは「〝シューズ負け〟して恥ずかしい」と思っていたけれど、いざ買ってみたら、「世界ランキング1位の選手と同じシューズを履いている」ことで自分もフットワークが上達した気分になり、プレーがより楽しくなったのだとか。そして確実に上手くなっているそうです。

カタチから入るというと、「適当そう」「真剣じゃなさそう」みたいなマイナスの印象を持たれがちですが、そんなことはありません。

セルフイメージをより高めて、気分よく楽しみながらレベルアップしていくために、まずカタチから入る、まず道具を整える。これは定年クリエイティブにとっても、悪くないどころか、ぜひおすすめしたい〝戦略〟です。

始め方
その2

「パクること」から始めよう

「100％のオリジナル」なんて生み出せない

ギターでオリジナル曲をつくって披露したら、「それって長渕剛の○○とコード進行が同じじゃん」。――だって、いきなり新しい曲をつくるのなんて無理だから、最初は好きな歌のコード進行をパクッてつくったんだから、同じで当たり前。

自作の俳句を見せたら、「それ、どこかで聞いたことある表現だな」。――だって、最初は季語も何もよくわからないから、とりあえずテレビの『プレバト‼』をみて、夏井いつき先生の添削した句を真似て詠んでみたんだよ。

こんなんじゃ、「オリジナル曲」や「オリジナルの句」なんて言えないよな――。

いえいえ、そんなことはありません。あなたのつくったその曲も、その俳句も、立派な〝あなたのオリジナル〟です。胸を張ってください。

クリエイティブとはほかにはない、独創的なものを創出すること。言ってみれば、

ます。

「ゼロからまったく新しいものを生み出すなんて、ひと握りの才能のある人たちがすることで、自分たちにはハードルが高すぎる」と思うかもしれません。でも、それは違います。

私が本書で提唱する「定年クリエイティブ」には、そんな厳密なオリジナリティは求めていません。というか、必要ありません。

そもそもの話、本当に自分だけが考えた、まったく何の（誰の）影響も受けない「新しいもの」をつくることなど、まず無理。最初からすべてが独創的なものを生み出すのは、ほとんど不可能と考えたほうがいいんです。だから、

この世の中に「100％オリジナル」なもの、「完全に新しい」ものなんてない。

そう思えばいい。だって、事実そうなのですから。

それならば、世のアーティストやクリエイターたちは、どのようにして作品を生み出

しているのでしょうか。答えは、

「ほかの誰かがつくった既存の何か」を参考にして、そこからヒントを得て、自分なりにアレンジし、組み合わせながらつくっている。

わかりやすく言えば「誰かの作品をパクっている」ということです。

それはマズいだろう。「パクる」は「盗む」ということ。誰かの作品や他人のアイデアを盗んだりしたらダメでしょう。そんなのはオリジナルじゃないし、クリエイティブでもないじゃないか――。そう考える人は多いと思います。

すべてのクリエイティブは「パクり」から始まる

でも、その考えもまた違うんですよ。そもそも、「クリエイティブなものはすべてオリジナルでなければいけない」という発想自体が違うんです。

「優秀な芸術家は模倣し、偉大な芸術家は盗む」

これは、かの偉大な芸術家パブロ・ピカソの言葉です。また、Ａｐｐｌｅ社の創業者スティーブ・ジョブズも、

「ピカソは『優秀な芸術家は模倣し、偉大な芸術家は盗む』と言った。だから僕たちは、偉大なアイデアを貪欲に盗んできた」

と、ピカソの言葉を引用した名言を残しています。

ジョブズは「アイデアを盗む（私の言葉で言えば『パクる』）」ことを、むしろ非常に合理的で重要なプロセスだと捉えていたのですね。

また、イギリスの有名な詩人であるＴ・Ｓ・エリオットも、

「未熟な詩人は模倣するが、熟練した詩人は盗む」

と言っています。エリオットは続けてこうも言っています。

「良い詩人は盗んだものをさらに優れたもの、少なくとも違ったものに変える」

「模倣」とは「ただ、真似る」こと。言ってみれば、表面的な部分だけをそのままコピーすることです。でも「盗む（パクる）」は「新たな価値観を生み出すために真似る」ということなのですね。

ですから、ここではっきり断言してしまいましょう。クリエイティブだからといって「100%オリジナル」にこだわる必要はありません。

誰かの、どこかの、優れたものから盗んだって（パクったって）かまわない。ただ盗むのではなく、そこに自分のアイデアを加えて、組み合わせて、新たなものをつくればいい。それが、正しい「クリエイティブな姿勢」なんです。

いけないのは、誰かのものをただ丸ごと真似して、そのまま自分のものと言い張って、受け手を騙そうとすること。これはただの盗作であり、詐欺行為です。

そうでないのであれば、「誰かほかの人のアイデアや作品を真似したり、パクったりしてはダメ」という考え方に縛られる必要はありません。

そんなふうに考えれば、ほら、高いと思っていたクリエイティブのハードルが、一気に下がったと思いませんか？

むしろ、他者の作品の優れたところはたくさん盗んでみる。誰かのアイデアのいいところもたくさん盗んでみる。そして、盗んだものを自分の色に染め、自分のカタチに落とし込むことを考える。そういう意識こそ新しいものの創造につながります。

そう、すべてのクリエイティブは「パクり」から始まるのです。

パクれば、早く上達できる。時間効率を高められる

既存の優れたアイデアや作品から盗む＝パクることは、クリエイティブ活動のハードルを下げる以外にも大きなプラス効果があります。

長らく音楽業界に身を置いていた私が身をもって感じる「パクりの効用」とは、何といっても「早くカタチにできる＝時間効率がいいこと」でしょう。

貧乏で苦労して、いろいろなアルバイトをして、血のにじむような努力をして、ようやく今のポジションに辿り着いた。さまざまな経験を積んだから今の自分がある――こんな話をよく聞きます。

もちろん、それは素晴らしいことだと思います。でも、本音を言えば、回り道などせずにトントン拍子で事が進むほうがいいに決まっています。

私たちは「1＋1＝2」であることを知っています。知っているから次のもっと複雑で難しい計算を学ぶことができます。

でもはるか昔には、「1＋1＝2」であることがわからなかった時代もあったはず。当時の先達が「1＋1＝2」であることを知って、それが受け継がれてきたから、現代の私たちは、「なぜ1＋1＝2なのか」を考えずに先に進むことができるのです。言い方を変えれば、先達が発見した「1+1=2」という事実を、のちの時代の人々が「パクって」きたことが、数学という学問の進歩につながっているということ。

大げさなことを言うようですが、学問、科学技術、芸術、そのほかあらゆる分野において、実はこうした「パクり」の積み重ねが人類の進化や進歩に大きく影響しているのです。

昔はふもとから歩いて登った富士山の登山も、今では五合目まで自動車で登ることができます。できるだけ早く頂上に到達することを目的とするならば、最初から歩くよりは、五合目までは自動車で行き、そこから歩くほうが時間効率は格段に良くなります。途中をスルーしたからといって、頂上に到達した事実は変わりません。

それと同じようなこと。自分でひとつの作品を完成させることが目標なら、ゼロから100%独創的なものをつくり始めるより、基本アイデアはパクって、そこから自分のアイデアを加えて工夫していくほうが完成までの時間も短くなるということです。

書道の「模書」も、パクりの効用のひとつ

書道を習うとき、先生が書いたお手本を目の前にぶら下げて、そっくりに書こうとお手本と自分の半紙を交互に見ながら必死に真似して書いた経験はありませんか。

さらに、先生の書いたお手本の上に新しい半紙を置いて、透けて見えるお手本の字をなぞって書いたら、お手本と同じくらい上手に書けた――こんなことをしたことがある人もきっと多いはずです。

子どもの頃なら、友だちから「そんなのズルい」「その字はお前の字じゃない」と文句を言われていたかもしれません。

でも、よく考えてみてください。本当にそうでしょうか。本当に、それは自分が書いた字ではないのでしょうか。そんなことありませんよね。普通に書こうが、お手本をなぞって書こうが、その字は紛れもなく「あなたが書いた字」です。

書道を習う際には、横に置いたお手本を見て書き写す「臨書《りんしょ》」という方法が一般的に

なっています。そのため、ここで述べたように半紙の下に敷いてそれを写すようなやり方は「やってはいけない邪道」のように捉えられていたかもしれません。

しかし、お手本を下に敷いて、なぞって書く方法は「模書《もしょ》」と呼ばれ、書道の習得方法のひとつとして認められているんですね。模書の模は「模倣」の模、つまり「真似る」という意味です。そして、書を極めるには模書が効果的であるとされているのです。模書によって、文字の形や配置、バランスなどが自然と身につくということだと思います。

これだって考えようによっては、「お手本の文字の優れた部分をパクっている」と言えなくもありません。確かに、模書をそのまま自分の作品にするのは「パクりすぎ」だと思いますが、少なくとも練習方法としては非常に効果的であり、間違いなく上達への近道になるはずです。これも、わかりやすいパクりの効用のひとつだと思います。

リスペクトする作品をお手本に。それがパクりの本質

私が考える「模倣」と「パクり」の違いは、「ただ真似るだけ」と「新しい価値観を

生み出すために真似る」ということ以外に、対象となる人や作品に対して「リスペクト」があるか、ないか」にもあるような気がします。

「パクり」には盗む対象へのリスペクトがあることが大前提です。それは言ってみれば「このアイデアを、この作品を、自分のお手本にしたい」という思いです。そのお手本に近づきたいがために、そのエッセンスの一部を取り入れさせてもらう。これが私の言う「パクる」ということ。

こうしたリスペクトがなければ、お手本をそのまま「自分のもの」として発表してしまうでしょう。それはただの「ドロボー」でしかありません。

最近よく「コピペ」という言葉が使われます。Ｗｅｂサイト上の文章や他者の原稿をただコピーして、自分の価値観を何ひとつ加えずに、そのまま丸ごとペーストする（貼り付ける）だけ。それを自分の原稿として発表する。まさに「作品ドロボー」「アイデアドロボー」です。コピペによる論文などが厳しくバッシングされるのは、ドロボーをする行為に加えて、作品へのリスペクトの欠如に対する非難でもあるのです。

お手本にするという意味で、「パクり」は「オマージュ」や「インスパイア」に近い意味合いだと私は思っています。

「オマージュ」とは、作家や作品への敬意や称賛の思いによって、似たような内容やテーマの作品になる、もしくは意図的に似せた作品をつくること。

インスピレーションの動詞形である「インスパイア」は、尊敬する作家や作品に影響を受けて、同じテーマに基づいた作品をつくることを言います。

実際に芸事や職人の世界では、先輩や達人の芸を見て学ぶことを、「芸を盗む」と表現することもあります。素晴らしい優れた作品を奪うのではなく、あくまでも「お手本にしたい」がために、エッセンスを拝借する。

「パクり」だってリスペクトに基づいている――私はそう思います。だから、真似をすることはすべて悪、そんな考え方はナンセンスなんですね。

お手本にしたいものを見つけて、どんどんパクって、そのエッセンスを学び取って、自分の作品に活かしていく。それがクリエイティブの第一歩です。

絵画を始めるなら、好きな画家のタッチをパクってみる。

音楽を始めるなら、好きなミュージシャンの曲をパクってみる。
料理を始めるなら、好きなシェフや料理人のレシピをパクってみる。
小説を書くのなら、好きな作家のプロットや世界観をパクってみる。
俳句も、陶芸も、その他諸々、新しいことを始めるなら、何でも最初はパクってみる。
まずはそこから始めましょう。

そして、結論。

パクることは悪いことじゃない。
お手本にしたいものをパクって、パクったものをお手本にして、
そこに「自分の味」を加えれば、
それは、自分のオリジナルになるんです。

私が考える、良いパクリと贋作の境界線

以前、中国を旅行した際、楽器店に立ち寄ったことがありました。そこで売られているギターを見たときには大いに驚いたものでした。まずはその値段の安さです。そして何よりびっくりなのはそのクオリティの高さでした。

店に出ていたいくつかのギターを触らせてもらってから「もう少し良いのはないですか？」と聞くと、「ギブソン（米国の超老舗の世界ブランド）のレスポールモデルはどうか」ということになったのでした。

彼らが持ってきたギターは、まさしく「ギブソン・レスポール」。見るからに、塗装も仕上げも高級感・重厚感のあるつくりで、高そうな楽器という印象の代物でした。さっそく弾いてみると、これまた想像どおりの手に馴染むいわゆる良いギターで、アンプを通して出てくる音も申し分のないものでした。

「これはいくらですか？」と聞くと、なんと「2万円です」とのお答え。ケースも付い

た値段です。

ギブソン・レスポールモデルの本物……それを疑わなければならないまがい物的な部分はなかったのです。ヘッドにあしらわれているギブソンのロゴも、その裏側にあるシリアルナンバーも、そして「Made in USA」と書かれていることもまったく自然でした。

楽器だからまず第一に「音」がしっかりしていなければ、見てくれだけではどうにもなりません。その肝心の音もしっかりしたものでした。

でもやっぱり偽物なのです。本物ならば値段は40万円はする代物です。ケースだけでも2万～3万円はするのです。正直言ってその技術力？のすごさには感心というか圧倒されました。

しかし、これは私の言うところのパクりという話ではないのです。「パクり」という概念からは大きくずれていることであって、ひと言でいえば犯罪です。何しろ完全にギブソンの米国製の高級なブランドそのものであるという、虚偽の打ち出しなのですから。明らかに詐欺です。

絵画の贋作《がんさく》と同じで、本物と勘違いさせて本物と同じ価値を錯覚させるということに意味があるので、はじめから向かう方向も意味も違うというものです。私の言う「パクる」は模造品の作成や、錯覚させる目的の制作をするということではありません。精巧な絵画の贋作やこの中国のギブソンギターの存在とはまったく違うということなのです。

音楽の世界であえて模造されたものは何かといえば、勝手にクローンコピーされたいわゆる海賊版の類だと思います。

レコードには原盤という表現があって、それがオリジナルのものであるということになり、それを複製したものが「複製物」イコール、レコード盤（ＣＤも含まれる）になる。基本的に原盤と寸分違わない状態のものが複製物です。そして、その複製物を販売するのがレコード会社のビジネスなのです。

盗作（受け手を騙すこと）とパクりの違いは認識しておきましょう！

「フランク三浦」という時計のブランドをご存じでしょうか。スイスの高級時計ブランド、「フランク・ミュラー」から、登録商標の無効を求める裁判を起こされ、最終的にその裁判に勝訴した大阪のディンクスという会社のブランドです。

フランク三浦が作っている時計は、フランク・ミュラーをパクってつくっているのは誰が見ても明らかなのですが、それは洒落というかパロディというか、おもしろおかしくしたい意図があるとしか思えません。第一、値付けに何百倍もの違いがあって、客を騙して偽物・贋作を売りつけようとしているもののはずがありません。フランク・ミュラーの時計が１００万円〜３００万円なのに対して、フランク三浦の時計は数千円なのです。

フランク三浦のホームページには「フランク三浦保証書兼取扱保証規定」という項目があって、とてもおもしろいので転載させていただきます。

フランク三浦は全てこちらの判断に基づいて対応させていただきます。

●外装について　全て手作りで作っているため外装に多少の傷、文字盤に埃、異物、指紋、まれにちぢれ毛などが混入しておりますがこれらは全て許容範囲内とお考え下さい。ましてや裏ブタやベルトの傷などは当たり前のように付いておりますが、苦情や返品、返金には一切応じることができませんのでご了承ください。

●防水について　フランク三浦は基本的に全て完璧な非防水です。ダイビングや水泳に使用されるのは勝手ですが確実に水分が侵入して時計が破壊されます。汗、気圧、温度変化などありとあらゆる水気や空気中の水分にすら耐えられませんのでガラスの曇りや水分の侵入には、一切対応が不可能だとお考え下さい。30度以上の高温にも全く耐えられません。

●磁力、磁気について　パソコン、モーター、ドライヤー、携帯電話など磁気を発生するモノの近くに置かないで下さい。すぐに壊れますし、磁気による故障は保証対応ではありませんので、ご了承ください。

●ショックについて　落下などのショックによる耐久性は全く持ち合わせておりません。2センチ以上の高さから落とした、ほんの少し壁やドアに接触したなどで故障した場合も全て自己責任です。保証は適応されませんのでご了承ください。

●電池について　全てモニター電池です。電池切れはお近くの時計屋さんで交換を実費で行ってください。購入後すぐに電池が無くなったとしても保証対応ではありませんのでご了承ください。
●ウレタンベルト調整付の穴が開いていない⇩ご自分で開けてください。
●使用による皮膚のかぶれや湿疹などが起きた場合、直ちにご使用をおやめください。時間は携帯電話・スマホ、駅の時計などでお確かめ下さい。
●一日の遅れや進みが大きい⇩電波時計を参考に毎日時刻合わせをしてください。
●保証期間はご購入日より90日で、対象はムーブメントのみとなります。
●送料負担につきましては保証期間内であっても全てお客様負担となります。保証書紛失、販売日が明記されていないなどの場合、保証期間内であっても無償修理を受けることが出来ません。また、修理が不可能の場合、代品交換もしくはあきらめて頂くことになりますが、ご了承ください。

天才時計師　フランク三浦

こんな感じです。

これは洒落でやっていること以外の何物でもないと思えます。このチームにまともに訴訟を起こしたフランク・ミュラーのほうが分が悪い、というか大人げない気がしてしまいます。実際に司法の判断もフランク・ミュラー側の訴えを認めなかったわけで、むしろフランク三浦側の知名度を上げることになってしまったのです。

これは、見事なパクりと言わせていただきます。

マリオ's コラム ——「木綿のハンカチーフ」の盗作疑惑に思うこと

1974年「雨だれ」でデビューした太田裕美さん。

当時20歳そこそこの私は、ギターを弾いて金を稼ぐことを覚えたばかりの頃だったのですが、縁があって、太田さんのバックバンドを経験させてもらっていました。

太田さんの曲といって真っ先に思い浮かぶのは、1976年発売で150万枚を超える大ヒットになった「木綿のハンカチーフ」（松本隆作詞・筒美京平作曲）でしょう。ただ、この曲は一時、「歌詞が、ボブ・ディランの『スペイン革のブーツ』という曲の盗作ではないか」と指摘されたことがあったのです。

でも実際には、作詞の松本隆氏はボブ・ディランと「スペインの革のブーツ」にインスパイアされて詞を書いたことを、初めから認めていたんです。これは盗作ではなく、偶然似てしまったものでもない。「ボブ・ディランの曲から着想を得た曲だ」と、作詞家自身が明言していたのですね。

さらには歌詞の一言一句が同じであるとか、物語の設定がまったく一緒だとか、そうしたことでもなかったのです。

そうした背景があってのことなのに、その作品を盗作呼ばわりするのはとても馬鹿げていると思ったことは覚えています。

「木綿のハンカチーフ」と「スペイン革のブーツ」、機会があったら、みなさんもぜひ聴き比べてみてください。

始め方
その3

ゆるやかに「締め切り」をつくろう

「いついつまでに」が決まれば、クリエイティブにも力が入る

ちゃんと出版される本を書いたのは今回が初めてなのですが、この経験を通して思いのほか痛感したのは「締め切り」の大切さでした。

これまでもちょこちょこと気になったことや思いついたことをメモ書きのように書き留めて、「いつかは本にできたらいいなぁ」などと漠然と考えてはいました。でも、このまま「漠然と考えている」状態が続いていたら、決してこうして１冊の本として出版などできなかったと思います。

私のなかで漠然とした思いが「本気」に切り替わったのは、出版社の方に「いついつまでに原稿を仕上げてください」と言われたとき、つまり「締め切り」ができたときです。そこから一気に〝尻に火がついた〟わけです。

出版社の方に聞くと、小説家の先生にしても「いつでもいいから、いい作品ができたら教えてください」では、なかなか原稿は上がってこないそうです。締め切りという制

約があるからやる気が出る。アウトプットするタイミングが決まっているから、そこに向けてモチベーションがアップする。人間というのはそういうものなんですね。

私は昔から今までずっと、仲間と趣味でバンド活動をしているのですが、そのバンドでライブをやるときでもそうです。

そもそもライブというのは、今日「ライブやろう」と思い立っても、じゃあ明後日やりましょうというわけにいかないんです。まず遅くとも3カ月くらい前から（早いときは半年も1年も前から）ライブをする会場を予約しなきゃいけない。日時と会場が決まったら、メンバーの予定を押さえなきゃいけない。

そして、その日に間に合わせるように逆算して計画を立てなきゃいけない。メンバーの都合が合う日を探して何回練習できるのか、どんな曲を演奏するのか、どんなテーマで曲を選ぶのか、ライブのために新曲をつくるのか――こうしたことを決めたら、すぐに曲を選び、曲をつくり、個人でも練習を始めなきゃいけない。「○月○日はライブ」という〝締め切り〟ができると、クリアしなきゃいけないことが山ほど生まれます。

でも、それがまた楽しいんですよ。そして、ライブという目標があるからこそ、練習にも曲づくりにも熱が入るんです。

上手になったら、いつかそのうちライブをやろう――確かにこれも目標です。でも「いつか」や「そのうち」が現実になる可能性は限りなく低いのが世の常なんですね。

「今度、メシに行きましょう」「ぜひ、そのうちに」――お付き合いの場ではよくこんな会話が交わされます。でも「今度とオバケは出てこない」と言いますよね。本当にメシに行きたいなら、「今度」ではなく、「具体的に日を決める」ことです。そうでなければ、まず「一緒にメシ」は実現しません。それと同じことです。

音楽をやっている人なら、誰かに聴いてもらうライブの日を決めてしまう。動画サイトに演奏風景をアップする日を決めてしまう。

写真や絵画、陶芸などをやっている人なら、自宅や知り合いのお店などで作品を展示させてもらう〝ミニ個展〟にチャレンジするのもいいでしょう。その際は周囲の人に「〇月〇日、どこどこで、恥ずかしながら個展を開くので遊びに来て」と打診してしまうんです。

「いつか」ではなく「その日」を決める。「その日」が決まれば緊張感が生まれて、ものづくりにも力が入ります。「やるっきゃない」の気持ちが腕を磨いてくれるんです。

厳しすぎはNG。アマチュアらしく締め切りは「ゆるやか」に

のんびり自分のペースで楽しめるのが定年クリエイティブのいいところではありますが、ものづくりのレベルをアップさせたい、もっと楽しみたい、そう考えるなら、自分に対して「締め切り」をつくったほうがいい。これが私の提案です。

ただ、ここで大事なのが締め切りの「さじ加減」です。

ギターを始めたばかりの人が「来週、オリジナル曲でライブをやる」なんていう締め切りをつくったところで、できるわけがありません。今日、カメラを買ったばかりの初心者カメラマンが、来週、みんなに作品を見せようというのも無理のある話でしょう。

達成することが間違いなく無理というキツすぎる締め切り、厳しすぎる締め切りというのは、メンタルに重たいストレスがかかるだけでなく、「やっぱりオレにはできない」

「自分はダメ」といった自己嫌悪を呼び寄せる原因になってしまいます。

でも、逆にあまりにゆる～いゆるい締め切りだと、今度は締め切りをつくった意味がなくなってしまいます。締め切りは、厳しすぎても、ゆるすぎてもモチベーションが上がらない。大事なのは「適度な緊張感が生まれる、ちょうどいい締め切り」なのです。


例えば、若い女の子が「来月の同窓会までに体重を5kg落とす！」と息巻いてキツいダイエットにチャレンジしても、まず無理。たとえ落とせたとしても、多分、その子は体の調子を崩してしまうでしょう。健康的にダイエットするには締め切りが厳しすぎるんですね。

でも、これが年末に「来年の夏、海に行く日までに5kgダイエットする」というのなら、可能性が十分にあるわけです。来年の夏までには半年以上あるわけですから、ちょうどよい、どちらかと言えば「ゆるやか」な締め切りと言えます。

プロはそうもいかないのですが、私たち〝毛の生えたアマチュア〟なら、締め切りは「お尻に〝少しだけ〟火が点く」くらいのイメージで設定するのがちょうどいいんです。

厳しすぎてお尻が大火事になっちゃったら本末転倒なわけです。

ただ、こういう締め切り設定というか、ものづくりのスケジュール感というのは人それぞれです。なので、自分で試行錯誤しながらやっていくしかないんですね。そして、その試行錯誤すら楽しめるようになるのがいちばんいいんです。

「あれ、思ったよりもすぐにできちゃった。オレ、なかなかやるじゃん」

「もっと早くできるかと思ったけど、やっぱりまだまだだな。次はもっと余裕を持ってやろう」

こうして自分のレベルを確認しながら締め切り設定をしていくのも、ものづくりの楽しみ方のひとつなのですね。

ここで、定年クリエイティブを始めた人のために、音楽でも写真でも絵でも陶芸でも俳句でも料理でも、何にでもあてはまる〝ちょうどいい〟締め切りをお教えしましょう。

「誰かの記念日に作品をプレゼントする」と決めるんです。

次の結婚記念日で1曲、ギターの弾き語りを披露する。

来年のカミさんの誕生日に手料理のディナーをプレゼントする。

孫の入学式に油絵を１枚仕上げて贈る。

こんな感じなら締め切りとしてはゆるやかで取り組みやすいし、やる気が出るわかりやすい目標にもなるでしょう。いきなり不特定多数にアウトプットするよりハードルはかなり低いはず。ぜひチャレンジしてほしいと思います。

「いついつまでにやらなければいけない」という絶対に守らなければならない締め切りが存在するのが仕事です。でも定年クリエイティブはあくまでも趣味の領域のこと。そこには仕事のときのような厳しい締め切りは必要ありません。いつ始めてもいいし、いつ終わらせてもいい。自分で自由に決めることができます。

それに、作品のクオリティについても、仕事と違ってクリアしなければならないライン、超えなければいけない基準もありません。

それが趣味のいいところなのですが、ただ、厳しい締め切りもないし高いクオリティも求められていないがゆえに、途中でやめて投げ出すことに対する後ろめたさに鈍感になりやすい。途中でやめたって誰にも叱られないし、クレームも来ない。だから仕事に比べて「何としてもやり切ろう」「完成させよう」というモチベーションに欠けるとも言えるんです。

だからこそ〝ゆるやかな締め切り〟が大事。たとえ毛の生えたアマチュアの趣味であっても、自分の作品は作品として完成させるという気持ちを持つことがとても大切なんです。

そのために自分の身の丈に合った、ちょうどいい、ゆるやかな締め切りをつくる。見てくれる人やもらってくれる人のために、決めた期日までに、今の自分のできる限りの力で作品を仕上げる。

「誰かのため」という締め切りを積み重ねることで、ものづくりのレベルは上がり、趣味は楽しみから「喜び」へと変わっていくことでしょう。

第4章
定年クリエイティブで人生を豊かに過ごす人たち

定年を迎えて会社勤めから解放されると、それまで仕事に費やしてきた時間が、ほぼそのまま「自分の時間」になります。つまり自由に使える時間が格段に増えるということです。

その自由な時間を有効に使い、人生を充実したものにするために不可欠なのが定年後の「自分の居場所」であり、打ち込める「趣味や楽しみ」であり、新しいことを始めようと前向きに考える「クリエイティブな意識」なのです。

ここからは、私の周りで「やりたいこと」「やってみたかったこと」に積極的にチャレンジし、定年後の人生後半戦を満喫している定年クリエイターたちのお話をいくつか紹介したいと思います。

CASE 1

聴衆の前で歌い、自ら考えて演技する。歓声と拍手が心地よい「オペラ」に魅せられて

――Aさん・58歳　コンサルティング会社役員

最初に紹介するのは、本書を担当してくれた編集者の大学時代の友人で、合唱とオペラにハマっているAさんの人生後半戦の物語です。

きっかけは、10年ほど前に開催された河口湖音楽祭の、佐渡裕さん指揮の第九合唱イベントに参加したこと。合唱メンバーは経験のない一般の人も参加できるという情報を知って興味を持ち、思い切って参加することにしたそうです。

ドイツ語の発音から始まる月２回の練習を半年ほど重ねたのちに、本番のステージに立ちました。Aさんはそこで、大勢の合唱の声に包まれながら自らも大きな声で歌うことの快感とカタルシスを味わい、聴衆からの盛大な拍手に言いようのない感動を覚えたのです。

この感動と快感の虜になったAさんは以降、毎年、年末の山梨県民第九イベントに参

加するようになりました。

そこからは、10月から練習が始まり、12月に本番という1年の後半3カ月を合唱に費やす生活になったのですが、それでも飽き足らず、もっと日常的に取り組みたいという〝合唱熱〟は高まっていくばかりでした。

Aさんは、いくつかの合唱団を見学して最終的に「メサイア合唱団」というヘンデルの楽曲を中心に手掛ける合唱団に入団します。そして大規模なホールで行われたメサイア全曲公演に出演し、合唱の魅力にさらにハマっていきます。

その後は、ほかの合唱団にも参加。そこで出会った合唱団の主宰者から個人レッスンを受けるまでにのめりこんでいったのです。レッスン料は1回4000円ほど。合唱団の参加費と合わせて月1万円程度というリーズナブルな趣味だったことも、彼の合唱熱に拍車をかけたようです。

そして今度は、その主催者が立ち上げたオペラ団体の第1回公演に合唱で参加。エキストラ的な役でしたが、ステージで「演技をした」体験が、Aさんにさらなる楽しさと快感、感動をもたらしたのだそうです。

Aさんいわく「演技は『自分で自由に考える』というもの。どう演じたらいいかをいろいろ考えることが、難しいけれど、とてつもなくおもしろいことに気づいた」と。

アマチュア団体の公演なので、チケットを買ってくれる人の大半は知人や友人です。でも、見てくれた人から演技をほめられたり、「楽しそうだったね」といった評価や感想をもらうことが、大きな喜びになっているのだそうです。

合唱やオペラを通じて、これまでの生活では出会うことのなかった、音大を出たような友人に数多く巡り合えたことも、Aさんの大きな財産です。

本書の打ち合わせをしているとき、編集者にAさんからメールが届きました。オーディションに合格して、次の公演では晴れて役をもらえることになったのだとか。

「かつてはカラオケでサザンやミスチルを歌っていた私ですが、この10年ほど、にわかにクラシックの合唱にハマってしまい、ベートーベンの第九だけでなく合唱団でヘンデルのメサイアやバッハを歌い、今では声楽個人レッスンも受けたり、オペラ団体に参加したりしています。

歌はもちろん、演技することのおもしろさにも目覚めて、立ち稽古のたびにこんなことしてみたりあんなことしてみたり、新しい世界が広がって楽しんでます。そんな私の初キャスト舞台をぜひ見てやってください」

——素晴らしいことですよね。

合唱にハマってからのAさんは、のどの調子をはじめとする自分の体調管理にも細やかに気を使うようになったといいます。さらに呼吸や発声にまつわる身体の構造にも関心が出てきたとか。

奥様からは「ホドホドにね」と言われているようですが、どうやら「年金をもらうようになったら、音大に入り直したい」という〝野望〟も持っているようです。

これぞ、まさにクリエイティブ。お手本にしたい人生後半戦の生き方だと思います。

CASE 2

ニーズを汲み取って、ニーズに合わせて、行動を考える。「ボランティア」だってクリエイティブ活動だ

――Bさん・70歳　大手製薬会社を退職

定年後にボランティア活動を始める人もいます。そういう人たちを「シニアボランティア」と呼ぶのですが、私の学生時代のクラブ活動の先輩であるBさんもそのひとりです。

64歳で大手製薬会社を退職したBさんは現在70歳。以前、久しぶりに顔を合わせたときに「退職後はどうされていたんですか」と聞いたら「実は、ボランティアをやってるんだよ」と。

Bさんが取り組んでいるのは、食品ロスを有効活用するボランティア活動です。飲食店業界や食品メーカー、小売・流通業界などで大量に廃棄される「まだ食べられるのに捨てられる食品（食品ロス）」が社会問題になっています。

その食品ロスを引き取って、必要としている人のもとへ無償提供する、フードバンク

（食料銀行）と呼ばれる活動をしているのだとか。

業者さんから引き取った大量の廃棄食品は、東京近郊にある大きな倉庫に集められ、そこで仕分けされ、そこから児童養護施設や路上生活を強いられている人たちなど、食べるものを必要としている人たちのもとに届けられます。

Bさんも自分でトラックを運転し、ときにはかなり遠方まで出かけては業者さんを回って廃棄食品を引き取ったり、仕分けられた食品を施設に届けたり、という仕事に取り組んでいるそうです。

Bさんいわく「ひょっとしたら、会社勤めしていた頃より忙しいかもしれない。でもおかげさまで元気なんだよ」と。「会社を辞めたらのんびりしようと思ってたのに、今もメチャクチャ忙しくて困っちゃうよ」とボヤきながらも、実にうれしそうに話してくれました。

「誰かの役に立っている」「誰かに喜んでもらえる」ことが大きなやりがいになっているとBさん。ボランティア活動は、Bさんにとっての大切な「生きがい」なのですね。

そう考えると、こうしたボランティアというのも、ある意味で「クリエイティブな活動」と言えるのではないか。そう思いませんか。

社会のニーズを感じ取り、そのニーズを満たすにはどうすればいいのか、どう応えればいいかを考え、それができる手段を探し、自分なりに工夫しながら行動する。さらに、その活動というアウトプットが、誰かの小さなハッピーにつながっていく。

これって本書で私が提唱している定年クリエイティブが目指す「ものづくり」の考え方にも通じるところがあると思うのです。まさにBさんがそうです。

自分が行動することで自分を表現し、そこに何かの価値を生み出す――ボランティアもひとつのクリエイティブ活動なのですね。

CASE 3

土に触れ、畑を耕して、新鮮でおいしい野菜をつくる。「育てる」というクリエイティブは奥が深い

――Cさん・68歳　大手化粧品会社を退職

近年、都市部でも手軽にできる農業（野菜づくり）が人気になっていると聞きます。ベランダにプランターを置いて野菜をつくる家庭菜園もあれば、郊外に畑を借りて週末に野菜づくりを行う〝レンタル農園〟が注目されるなど、楽しみ方もさまざまのようです。

私の知り合いにも、定年を迎えて農業に目覚めた人がいます。大手化粧品会社を退職したCさんがその人。

Cさんは東京都内に自宅があるのですが、今、信州に100坪くらいの土地を借り受け、そこを畑にして野菜づくりに精を出しているのです。100坪といえば25mプール1つ分くらいの広さ。趣味の野菜づくりとしては、そこそこの広さだと思います。

ですから、自分たちが食べる分をつくるだけでなく、採れた野菜を友人やご近所さん

に配っては喜ばれているのだとか。そして「すごく新鮮でおいしい」「Cさんの野菜を食べたら、スーパーで売っているのは食べられない」などと、お礼とおほめの言葉をいただくことがすごくうれしいのだとか。

今では1年のうちの半分以上は信州に出かけて、東京にいるときのほうが少ないそうです。ただ「女房は絶対に来ないんだよ」とおっしゃってましたが。

種を蒔くという「ゼロ」からスタートして、試行錯誤し、創意工夫しながら、野菜という〝作品〟を育てていく。野菜づくりには、クリエイティブなものづくりの「本質」があるのではないでしょうか。

しかも〝仕上がった作品〟を収穫して、その出来栄えを自分で確認できるわけです。食べてみて味はどうだ、品質はどうだ、見栄えはどうだというのがわかる。

当然、上手くできないこともあるでしょう。そんなときは「何がいけなかったのか」「何かを間違えたのか」「どうすれば改善できるか」を考える。考えて、さらに工夫することで、野菜の品質も、野菜づくりの知識も腕も上がっていく。

さらに、誰かに食べてもらうことで、喜ばれるうれしさや作品を評価されるという刺激を得ることもできます。実に素晴らしいクリエイティブ活動ではないでしょうか。

信州での野菜づくりにハマったことで、新鮮でおいしい野菜を自分で育てる、自分でつくった野菜を味わえることの楽しさを実感しているというCさんですが、聞けば、彼にとってのプラスはそれだけではないのだそうです。

都市部ではなかなか体験できない「土に触れる」作業や、さんさんと降り注ぐ太陽の日差しを浴びながら汗だくになってする畑仕事は、何よりも心身のストレス解消になり、体は心地よい疲れに包まれ、心は穏やかに、そして元気になる。ひと言で言えば、心の余裕が生まれるのだとか。

また「野菜づくりには〝知的クリエイティブ〟な部分もある」とCさんは言います。この環境に合わせて何を栽培するのか、水はどのタイミングでどのくらいやるのか、肥料は何を選べばいいか――「体力以上に頭を使うし、実はセンスが問われる」と。

また、スーパーに行ったときに野菜を見る目が変わってきたとも。「まだ若いとか、ちょっと熟れすぎかなとか」。自分でつくっているから、見方もわかるのだそうです。

また、私がCさんと話していて印象に残ったのは、「天気に敏感になった」ということでした。確かに急な雨や気温の変化などは、野菜づくりにとって大きな影響を与えます。真剣に取り組んでいるからこそ、そうしたことへのアンテナも研ぎ澄まされてくるのでしょう。

そんなクリエイターならではの〝感度〟も磨かれる。野菜づくりは、今や、いろいろな形で始められます。興味のある方はチャレンジしてみるといいかもしれません。

CASE 4

バイクで駆ける定年アクティブ派が描く、玄人はだしの繊細なイラストというギャップの妙

――Dさん・73歳　大手電気機器メーカーを退職

私が日本コロムビアにいた頃に、大手電気機器メーカーから出向してコロムビアの役員を務められていたDさんは、本社に戻られたのち、数年前に職を退かれて〝自由気まま〟な身分になりました。そして、誰よりも今の〝境遇〟を楽しんでいるんじゃないかと思うのです。

Dさんはコロムビアにいた頃から「歌が上手い人」でした。みんなでカラオケに行っても聞きほれるくらい上手いんです。さらに退職後にアメリカに渡り、オートバイで有名な「ルート66」を走ってアメリカ大陸横断を果たしたという逸話を持っているんです。それを聞いて「すげーな」と感心したこともあって、私のなかでDさんは「歌が上手い」に加えて、「ものすごくアクティブな行動派」という印象の人だったんです。

ところが最近、さらに意外な事実を知りました。あるときDさんと話をしていたら、

「実は、若い頃から絵が好きで、趣味でイラストを描いていたんだよ」と打ち明けてくれたのです。働いているときはあまり時間が取れなかったけれど、定年退職してからは本腰を入れて本格的に書いているのだと。

お願いしてスマホに送ってもらったＤさんのイラストを見ると、これが〝玄人はだし〟でかなりの腕前。アメリカンテイストが感じられる、ポップでおしゃれでカッコいい、ステキな作品なんです。

「それでも趣味の世界を出ないんだけどね」と謙遜されるのですが、友人や知人にプレゼントして喜ばれているそうです。

デカいオートバイを駆ってアメリカ大陸を疾走する――そんなハードでアクティブなイメージと、その対極にあるようなポップなテイストのイラストから伝わってくる繊細さや緻密さ。このギャップがまたいいんですね。

人生の後半戦を迎え、「静」と「動」ふたつの趣味を満喫し、心も体も元気そのもののＤさん、これぞ「定年クリエイティブの達人」と言えるでしょう。

CASE 5

正解のない俳句の奥深さに魅入られた〝元理系〟の定年組。現在、1日1句で365句の句集づくりに挑戦中

——Eさん・67歳　コンピュータ関連企業を退職

次は、定年になってから、俳句に取り組み始めたEさんのエピソードです。

Eさんは現役時代、コンピュータ関係の会社でエンジニアとして活躍し、管理職になっても局長クラスになっても、現場でコンピュータをいじっているのが好きという、私から見たらバリバリの〝理系〟タイプでした。

そんな彼が、まさか文系趣味の代表格のような俳句を始めたと聞いて、「ホントか?」と驚いたものです。

俳句と言えば、最近テレビの人気バラエティ番組『プレバト!!』の影響もあってか、世代を問わず、人気が高まっていると聞いたことがあります。

私もたまに番組を見ますが、芸能人の方たちが詠む俳句の言葉選びのセンスや個性的な感性にはいつも驚かされています。そして、それ以上に楽しいのが、先生である俳

人・夏井いつきさんの毒舌添削指導。先生がほんの少し表現の仕方や言葉の順序を直しただけで、句が見違えるように輝きだす——そんなシーンを見るたび、「ほ〜、やっぱりすごいな」とテレビの前で感心しているんです。

私の場合、自分のバンドで歌う曲の歌詞は書くけれど俳句まではちょっと——という感じなのですが、こうした番組で「俳句」のおもしろさを知り、「自分もやってみたい」と思う人が増えるのはとても素晴らしいことだと思います。

話をEさんに戻しましょう。

彼は、会社勤めをしているときからすでに俳句に興味を持っていて、少しずつ独学で詠んでいたそうです。彼いわく、「『1か、ゼロか』みたいに明確な答えがあるデジタルなコンピュータの世界にどっぷり浸かって仕事をしていると、まったく逆の、個々の感性に委ねられる正解のない俳句のような文学の世界がことのほか楽しい」のだとか。

そんなEさんは定年退職後、「前から目をつけていた」という地元の俳句同好会に参加。マウスを筆に持ち替えて、今も俳句仲間と一緒に楽しんでいるといいます。

聞けば、「始めたばかりの頃は、季語の種類などもほとんど知らず、ただ、五七五に言葉を当てはめただけの、俳句というよりも〝サラリーマン川柳〟に毛が生えたようなものだった」そうです。

でも、参加している地元の俳句同好会に「達人」のような先輩がいるのだとか。その人は、新聞や雑誌に作品を投稿しては、何回も賞を取っているそうで、Eさんはその先輩に「かなり感化された」といいます。

そこで、地元の同好会のほかに、自治体がやっているような大きめのカルチャーセンターの俳句講座を受講し、基礎からもう一度勉強し始めたのだと。そのかいあって、今では同好会メンバーのなかでも一目置かれる腕前になっています。

また、本格的に俳句をやるようになってから、外を歩いていても風景を見る目が変わってきたとEさん。「季節の移り変わりに敏感になった、ような気がする」と笑っていました。

彼は今、「毎日1句ずつ、1年で365句を詠んで、自分なりのオリジナル句集をつくる」という目標にチャレンジしている真っ最中だそうです。

CASE 6

一生涯をかけて仕事に打ち込み、そこに生きがいを感じる。これも人生後半戦のひとつの道

——Fさん・65歳　経理コンサルティング会社経営

定年後のライフスタイルを考えたとき、仕事を続けるという選択もあります。

その選択のもっとも大きな理由は、老後の経済状況や資金状況だと思います。定年後、仕事を辞めて入ってくるお金は年金だけになったとき、普段の生活に困らないだけの収入を確保するためには、まだ仕事をしなければという事情は当然のように存在します。もし、経済的に余裕があったとしても、突然の病気やケガなどで入院する、ケアを頼むなどでお金がかかることもあります。

かなり以前、まだ私が会社勤めをしていた頃のことですが、当時の仕事仲間の何人かに、「いつまで仕事をしたいか」という質問をしてみたら、「死ぬまで仕事をしたい」と答える人が少なからずいたんですね。そう考えている人たちは、仕事にどんな魅力を感じているのか、それが気になって聞いてみたんです。

すると、同僚のひとりがこんなふうに言いました。

「仕事を続けることで、家族や仲のいい友人ではない、それ以外の誰かに『自分が必要とされている』と感じ続けることができるから。仕事を辞めちゃったら、それがなくなっちゃうような気がして」と。

またある人は、「仕事をしていれば、どこかで誰かに『ありがとう』と感謝される。趣味に打ち込むのも生きがいだけど、人に感謝される仕事を続けるのも生きがいだと思う」と。

当時の私は、仕事から解放されたら、趣味のバンド活動を目いっぱいやりたいと思っていたくちでしたから、そうした考え方を聞いて「なるほど」と思ったものです。

現在の私は「マリオマネジメント」という自分の会社を持っており、仕事から完全に足を洗ったわけではない状況にあります。今思えば、私が会社を起こしたのも、「誰かに必要とされる」「感謝される」という生きがいを貫くために「定年後も何らかの形で仕事を続ける」という選択肢もありという意識が心のどこかにあったのでしょう。

70代になる私の古い知人にも、メールの最後の署名欄に『生涯現役！』と必ず書いている、いまだ仕事バリバリの人もいます。

またほかに、60代半ばでずっと自分ひとりで経理専門のコンサルティング会社を経営しているＦさんという知り合いもいます。

私の会社もＦさんに経理を頼んでいるのですが、彼の会社は、ウチをはじめ30社以上と契約して、その会社の経理業務だけを請け負っているんですね。１社につき月５万円で、30社だから、月商１５０万円。それをもう30年以上やっているんです。

Ｆさん自身は、株式投資をするくらいしか趣味がないらしいのですが、それ以上に今の仕事が充実しているのだとか。彼は30社を超える会社から「Ｆさんがいなければ経理が回らない」という信頼を勝ち得ている。つまり、「必要とされている」わけです。そのことが人生の充実につながっているのでしょう。そんな彼を見ると、この人はきっと、今の仕事を一生続けていくのだろうな——そう思うんです。

趣味だけではなく、一生涯を費やして打ち込める仕事を持つ。仕事という形で社会に関わり続ける。そのために再雇用や再就職という道を選ぶ。そんな生き方もまた、人生の後半戦を豊かにし、充実させてくれるものなのですね。

CASE 7

時間と労力がかかる分、完成した喜びも大きい。近所の子どもにも慕われる「じいちゃんモデラー」

——Gさん・65歳　大手流通関係企業を退職

男性のなかには、子どもの頃にプラモデルづくりが大好きだったという人も多いのではないでしょうか。知人のそのまた知人に、少年時代のプラモデル好きが高じて、大人になっても、週末の大半をプラモデル制作に費やしてきた人がいました。Gさんがその人です。

最初につくったのは戦艦大和で、それ以来、一気にプラモデルの虜に。もともと手先が器用だったこともあって、それ以来、戦艦や戦車、戦闘機からスーパーカー、アニメのメカ、さらには「日本の名城」「日本の神社仏閣シリーズ」といったユニークなものまで、ありとあらゆるジャンルのプラモデルをつくってきたそうです。

そして、3年ほど前に勤め上げた会社を退職し、時間と経済的な余裕を手にしたGさんのプラモデル熱はさらにヒートアップ。最近では流行りの「ガンプラ」づくりに熱中しているのだとか。さらに完成したプラモデルを中心にして背景や情景までを作成する「ジオラマ（情景模型）」にもハマっているといいます。

その完成度の高さはかなりのものらしく、近所の馴染みの喫茶店にもいくつか作品を飾ってもらっているのだとか。

知人の話によれば、小学生になるお孫さんの友だちに見せたら、「すげぇ」と驚かれたらしく、それ以来、Ｇさんはお孫さんの友だちの間で「じいちゃんモデラー」と呼ばれて、慕われているのだそうです。

バラの部品のままで未塗装のキットを、自分でイチから組み立てて、さらに塗装して完成させる——プラモデルづくりは地味なイメージだし、細かい作業の連続だし、時間はかかるし、目は疲れるし、老眼だとより大変だし、肩は凝るし、塗料は臭いし——大変なことも多いけれど、だからこそ完成させたときの喜びはひとしおだとＧさん。

また、プラモデルづくりは家に閉じこもりっきりという印象を持たれがちですが、ジオラマ制作を始めてからは、プラモデルに合わせてどんなシーンをつくるか、どんな風景をつくるかというイメージを膨らませるために、デジカメを片手に街や山や海など、あちこちによく出かけるようになったそうです。「仕事をしていたときより、外に出かける機会が増えた」のだとか。

部屋のクローゼットのなかには、購入してまだ手を付けていないプラモデルのキットがたくさんあり、「これを未完成のまま残しては死ねない」とGさん。今日も元気に、ニッパーと接着剤を手に、プラモデルづくりに打ち込んでいるはずです。

CASE 8
中高年の男が、なぜかみなハマる人気の趣味。職人仕事を体現できる「蕎麦打ち」に魅入られて

――Ｈさん・68歳　金融関係企業を退職

年齢を重ねた男、仕事をリタイアした男は、なぜか「蕎麦打ち」をしたくなる――どうやら世の中にはそんな傾向があるようです。また、定年退職した男性が「ずっと夢だった」蕎麦屋を開業する――そんな話もよく聞きます。

蕎麦を打つというのは、今や中高年男性の憧れの趣味になっているのかもしれません。定年で銀行を退職した私の友人のＨさんも、そんな「蕎麦打ち」に魅入られた男のひとりです。

蕎麦粉に水を加えてしっかりとこね、麺棒で延ばしたら包丁で切る。それを茹でて食べる。蕎麦を打つというのは、言ってみればこれだけのこと。でもそこには「奥の深い楽しみがある」とＨさん。

最初は蕎麦粉がダマになってしまったり、水分が足りなくてボソボソで延ばせなかっ

たり、逆に水分が多すぎてベトベトになったり、麺棒を上手く使えず厚みが不均等になったり——シンプルな作業なのに失敗ばかり。でも、だからこそ上手く打てたときの喜び、次第に上達していくおもしろさにハマっていったのだそうです。

蕎麦打ちがいいところは、自分で打った蕎麦を自分で食べるという形で〝完結〟できること。そして、自分が打った蕎麦を家族や友人に振る舞って、評価してもらえることだと、Hさんは言います。「たとえお世辞だって『美味いね』と喜んでもらえればうれしいもの。そのひと言で、もっと上手に打ちたいというやる気が湧いてくる」のだとか。

ここ数年、年末になるとご近所の知り合いや町内会のお仲間のために年越し蕎麦を打ってお年賀代わりにするのが恒例になっているそうです。

また、蕎麦打ちには思わぬ〝余禄〟があったとHさん。それは「それまでは肥満気味だったのが、蕎麦打ちを始めてから気になっていた贅肉が少しずつ落ちてダイエットできた」ことだそうです。

蕎麦そのものが健康食品なのですが、それに加えて蕎麦粉をこねるという作業は、腕だけでなく足腰から体全体を使って行う結構な重労働。「これが自分にとって、ちょうどいい運動になっている」のだそうです。楽しく打って、おいしく食べて、しかも健康にもプラスになる。「こんないい趣味、ほかにない」とうれしそうなんです。

私は、蕎麦は大好きですが、さすがに「自分で打ってまで」とは思いません。どちらかというと、打つより「食べる」係専門でいいんです。そこでHさんに、なぜそこまで蕎麦打ちに引きつけられるのか、その理由を聞いてみました。

するとと、彼からこんな答えが返ってきたんです。

「たぶん『職人』という生き方への憧れなんだろうな。これまでの銀行での仕事は、自分の手でゼロから何かをつくり出すという類のものではなかった。自分の仕事に誇りは持っていたけど、心のどこかに〝自分の手で何かを生み出す『職人』のような仕事をしてみたい〟という思いがあったんだろう。その憧れをいちばん手軽に実現できるのが蕎麦打ちだった、ということかもしれないね」

それを聞いて、「なるほど」と思いました。やはり人は誰もが、心の奥に「ものづくりをしたい」「クリエイティブなことをしたい」という願望があるのだと。その願望を満たしてくれたのが、蕎麦打ちという趣味だったのですね。

終章　これから定年を迎える人たちへ――

定活しよう――定年後の趣味を、現役のうちに探しておく

前出の本書の編集者の知り合いに、大学在学中から家庭教師をして卒業後もサラリーマンにならずに、そのまま自分で教育関係の仕事を続けているという、60代半ばの著者さんがいらっしゃるそうです。その方の同級生たちも優秀で、学校を出て就職した企業で偉くなり、みな相応の立場に就いていたのだとか。

子どもたちにも芸術に慣れ親しむことの大切さを伝えてきたその著者さんは、50代後半くらいの頃に同級生たちと集まったとき、みんなにこんなことを言ったのだそうです。

「今から楽器とか歌とか、何でもいいから始めておいたほうがいいぞ。そうでなきゃ定年になったあと、やることがなくて寂しい思いをするよ」

それを聞いて「確かにそうだ」と思ったのでしょう。友人の一人がクラリネットを買って習い始めたのだとか。定年を迎える前に、57〜58歳くらいからチャレンジしたわけです。

そして月日が経ち、つい先日、著者さんがその友人と会って話をしたところ、こんなお礼を言われたそうです。

「いやぁ、あのときお前に言われて、一念発起してクラリネットをやっておいてよかった。おかげで音楽仲間もできて、退職したあとも楽しく過ごせてるよ」

そして、冗談ともつかない口調で、

「もしクラリネットをやってなかったら、オレ今、やることがなくて〝廃人〟みたいになってたかもな」と。

会社勤めをしているとき、現役で働いているときは、誰もが「定年になってこの仕事がなくなったら」などという想像をしないものです。だから、いざ定年となると、何をして時間を使ったらいいかわからなくなる人も多いのですね。でもその友人の方には、定年前に始めていたクラリネットという趣味がありました。「やっててよかった。助かった」というのが、その方の心からの実感なのではないでしょうか。

定年を迎え、会社勤めから解放された途端にやることがなくなり、時間を持て余してしまう――。定年になってから「さあ、どうしよう」というよりも、定年になる前段階から、定年後に楽しめる趣味を持っておくのはすごく大事なことなのです。

健康もお金も大事。でも趣味探しだって大事

ネットを見ていたら、「定活」という言葉を見つけました。就活や終活、婚活と同じニュアンスで、「健康のことやお金のことなど、定年を迎える前に準備しておくこと」という意味なのだとか。

健康やお金がすごく重要なのは言うまでもありません。ただ、それと同じくらい「定年後の時間の使い方」も大切。これまでこれといった趣味もなく、仕事と家族サービスだけで過ごしてきたという人にとっての定活には、「定年後に打ち込めて、人生後半戦の生きがいとなる趣味の準備」という要素も不可欠になってくると思うのです。

新しく趣味を始める場合、それが自分に合っていると思っても、やってみたらそうでもなかった。何だかしっくりこない。すぐ飽きてしまうということだってあります。

もし定年してから新しい趣味を始めて、それが想像と違って自分に合わなかったとい

う場合、そこからまた違う趣味を探さなければなりません。そうなると、「ああ、面倒くさい」となって趣味探しをやめてしまったり、「もう時間がない」とあきらめてしまったり、「どうしよう」と右往左往したり。結局、定年後にすることが見つからない――という恐れだってあるんですね。

だからこそ、働いているうちにいろいろ試してみるんです。現役のときなら、「やってみたら合わなかった」となったって、まだ時間はあります。それにまだ仕事をしているのですから、即、何もしない日々に突入することはありません。時間と気持ちに余裕があるうちなら、いろいろと趣味を模索することもできるわけです。

さらに、逆に言えば、当初はさほど興味がなかったことでも、誰かに勧められたり、誘われたりして、実際にやってみたらすごくおもしろかった。すごくしっくりきた、新しい世界に目覚めた、ということだって十分に起こり得ます。

そんな〝運命の出会い〟が訪れたなら、定年後の後半戦は一気に充実するでしょう。

それに、定年後に新しい趣味を始めた場合、当然ながら初心者からのスタートです。

もちろんそれでもいいのですが、現役のうちに、しかも早いうちに趣味を見つけて始めておけば、定年になったときには、すでにある程度の経験を積んで技術も知識も身についていることになります。つまり、スタート時点での趣味のキャリアが違ってくるということ。

そうなれば、初心者からスタートする人よりも、より高いレベルを目指すことができるわけです。

ですから、これから定年を迎える人たちへ。あなたがまだ趣味らしい趣味を持っていないのなら、ぜひ現役で働いているうちに、定年後も続けて打ち込める趣味、楽しめる趣味を探し始めてください。

人生後半戦の時間をどう充実させるか、その戦略は早い段階から考えておくに越したことはないのですから。

体力の衰えに備えて、今のうちから「文化系」の趣味を持つ

定年後の楽しみを見つけるために、現役で働いているうちに自分の趣味になりそうな

ものをあれこれ試してみる――この定活、実は、すでに決まった趣味を持っている人にもあてはまります。

ある知人から、80代後半の歯医者さんの話を聞きました。

その方は、若い頃からゴルフが大好きで、かつての歯医者さん仲間と毎週のようにゴルフコースへ出てプレーするのがリタイア後の何よりの楽しみだったそうです。

ところが、80歳を過ぎた頃から体力がガクンと衰え、足元もおぼつかなくなってきたため、あれほど好きだったゴルフにも行くことができなくなってしまったのだと。

ゴルフはシニアになっても楽しめるスポーツとはいえ、さすがに80代という高齢になれば、コースに出て何ホールも回ってプレーするのは体力的にも健康面でも厳しいという人もいるでしょう。さらにゴルフ場に行くには、〝足〟の問題があります。その方は遠方のゴルフ場の場合、ご自身でクルマを運転して出かけていた、あるいはゴルフ仲間のクルマに乗せてもらっていたそうです。しかし、それだって高齢になればなるほど難しくなります。

運転してゴルフ場に行くだけで、プレーする前にもう疲れてしまうということだってあるでしょう。さらに、昨今では高齢者の運転免許所持についての問題もあります。ゴルフは楽しい趣味だけれど、仲間みんなが高齢化してくると、若い頃のように続けるのが難しいという側面もあるのだと、その方は実感したそうです。

ただ、ゴルフが思うように楽しめなくなっても、その方には「写真」というもうひとつの趣味がありました。

これも若い頃からの楽しみで、写真仲間が集まってさまざまなテーマを決めては作品を撮影し、みんなで写真展を開いてきたと言います。

その方いわく「テーマにしているのは、ほとんどが『出会い』や『友情』『思い出』『郷愁』といった抽象的なキーワード。だからこそ、自分なりにどうやって写真で表現するか、どうやって具体化するかを考えなきゃいけない。そこがおもしろい」のだと。

また「仲間が撮影した作品には、その人がテーマをどう捉えて、どう表現したのかが如実に表れます。同じテーマでも、撮影する人のイメージによって作品世界がまったく違ってくるんです」とも。

残念ながらゴルフはほぼ引退状態。でも、写真は今でも現役バリバリ。体力的に無理のない範囲で、自分のペースを守りながら撮影に取り組み、毎年行なっている仲間とのグループ展に出品することが生きがいになっているのだそうです。

「自分には趣味があるから大丈夫」という人でも、定年後の新たな「もうひとつの趣味」を探しておくことは、決してムダにはなりません。というのも、さまざまな事情でそれまでの趣味ができなくなる、続けられなくなるというケースも少なくないからです。

そうした事態をもたらす理由として多く見られるのが「体調の変化」です。まだまだ若い者には負けないと思っていても、人生100年時代になったと言っても、定年を迎える年齢になれば、体力的に衰えが出てくるのは致し方ないこと。体が言うことを聞かなくなって、若い頃から続けてきた趣味が続けられなくなり、そのことで生きる楽しさ、生きがいを失って、一気に老け込んでしまう。そんなケースだってあり得るのです。

もちろん、運動系の趣味も素晴らしいと思います。ゴルフに山歩きにジョギング、水泳にゲートボール――適度な運動を趣味にすることが健康維持にもいいのは言うまでもありません。ただ、「体力と健康には自信がある」という人にも、加齢による衰えはやがてやってきます。ですから定年後、体力的にキツくなったときの備えもしておいたほうがいい。

とくに、これまでずっと「運動系」が趣味だった人は、定年前にもうひとつ、「文化系」「ものづくり系」というクリエイティブ系の趣味を探しておくことをおすすめします。

後悔なしの人生を送るために

総務省による平成29年「人口推計」では、日本の総人口に占める65歳以上の人の割合（高齢化率）は27・7％となっています。つまり、日本の社会は3分の1近くの人が定年を迎えた世代だということ。諸外国と比べてみても、日本の高齢化は世界最速で進んでいるのです。

いやいや、すごいことになってきました。

本編でも何度も書きましたが、今や「人生１００年」時代。高齢化は社会の問題でもありますが、それだけ日本人が長生きになった、人生という時間が大きく増えたと考えることもできます。

これからの時代、１００年ある人生をよりよく、より楽しく生きるには、とくに60歳で折り返したあとの「後半戦」の過ごし方が非常に大事になってくるんです。

定年という言葉を聞くと「高齢者」というイメージに直結するかもしれません。そして「高齢者」と聞くと、今度は「衰え」「不安」「下り坂」「喪失」「死」――といったネガティブなイメージにつながってしまう人も多いでしょう。

確かにそうした一面はあるかもしれません。歳を重ねることで、若い頃と比べれば体力的な面、フィジカルな面でパワーダウンするのは誰だって同じなのですから。

そこで大切なのは、身体的な衰えは生物学的に仕方なくても、気力や心の力はいくらでも維持できるということです。いや、維持するどころか、本人の生き方次第では若い頃よりも活き活きと日々を過ごすことだってできるのです。

そうした、人生後半戦をポジティブに、若々しく過ごすためのファクターこそが、ものづくりに代表される「夢中になって打ち込める趣味」の存在であり、「定年を迎えてなおクリエイティブ」という意識なのです。
「定年＝高齢」は正解です。でも、定年を迎えたことで「たくさんの自由な時間」、「人生の新しい楽しみ方を再選択できるチャンス」が手に入る。それに続く「高齢＝不安、衰え」は計算式として間違っているんですね。定年を迎えて「時間」を手に入れた今こそ、仕事に追われてやりたいこともじっくりできなかった若い頃の「後悔」にリベンジを果たす絶好のチャンス——そう思いませんか。

先日、インターネットで動画サイトを見ていたら、〝灼熱の講演家〟として人気を博している人財育成コンサルタント・津田ひろあきさんの『人生の最後に後悔しない生き方をするために！　心に響く10の言葉』という動画に出会いました。

そこで津田さんが語る「人生が終わりに近づいたとき、人間が死ぬときにする後悔することベスト10」を聞いて共感し、思わず書き留めてしまいました。以下、そのサイトの彼の言葉を引用させていただきます。

1．もっとチャレンジすればよかった。

2. 人の目を気にしてしまった。
3. もっと他人に貢献すればよかった。
4. くよくよ悩まなければよかった。
5. もっと家族と過ごせばよかった。
6. 他人にやさしい言葉をかければよかった。
7. 他人の言うことよりも自分の直感を信じればよかった。
8. もっと旅に出ればよかった。
9. 一瞬一秒を大切にすればよかった。
10. もっと自分の情熱に従うべきだった。

「まさにそのとおり！」と膝を打って心から共感したのですが、こうして書き留めた10の「後悔すること」をじっくり眺めてみて、ふと気づいたんです。

これらの後悔のほとんどは、「定年クリエイティブ」の意識で人生後半戦を充実させることで解消できるのではないか――と。

もうあとは余生だなどと下を向かず、「人の目ばかり気にせず」「自分の直感を信じて」「やってみたいという情熱に従って」「くよくよせず」「一瞬一秒を大切に」しながら、やりたいことに積極的に「もっとチャレンジ」する。

クリエイティブになれば、小さくても誰かにハッピーを届けられるかもしれないし、きっと家族に、他人に、もっとやさしくなれるはずです。

そう、私が言う「定年クリエイティブのすすめ」とは、「後悔しない人生のすすめ」でもあったのです。

若い頃はよかった、昔は楽しかったと過去を振り返るのもいいでしょう。残された人生を数えてカウントダウンするのもダメとは言いません。

でも、それぱっかりではちょっと寂しいと思いませんか。だって、定年を迎えたって、人生はまだ半分近く残っているのですから。だったら振り返ってばかりより、視線はもっと先に、もっと前に、もっと未来に向けたほうがいい。

同世代の仲間で酒を飲むときだって、話題のメインが、昔の話よりも「今取り組んでいることの話」「これからやってみたいことの話」になる。
そのほうがきっと楽しいし、周囲から見てもカッコいいでしょう。

やりたいことをあきらめず、前向きにチャレンジする。
自分を表現することの喜びを、もっともっと追求する。
「自分の喜びをほかの誰かにも知ってもらう」という新たな喜びを知る。

人生、本当のお楽しみは「定年」になってから。
さあ、みなさんなりのクリエイティブを始めましょう。
「老後が不安」「人生下り坂」などと黄昏《たそがれ》てるなんて、もったいないですよ。

本書はさまざまな方々のお話や文章からも影響を受けました。最後にみなさまに感謝の意を述べさせていただきます。ありがとうございました。

定年クリエイティブ
リタイア後の創作活動で後悔のない人生を

著者　中島正雄

2019年7月25日　初版発行

中島正雄（なかじま　まさお）
1953年東京都生まれ。学生時代はクラブ活動において音楽業界の実地訓練のような日々を送る。20歳の頃には渡辺プロからデビューした太田裕美のバックバンドを担当。1976年、京都のウエストロードブルースバンドに加入。1978年、音楽プロデューサー長戸大幸氏率いる、音楽制作会社ビーイングに入社し、制作・マネジメントに携わり、数々のヒット作品、ビッグアーティストに関わる（TUBE、LOUDNESS、B'z、大黒摩季、ZARD、WANDS、T-BOLAN、DEEN等々）。2002年、日本コロムビア株式会社代表取締役社長に就任。一青窈、平原綾香、木村カエラがデビュー。現在、マリオマネジメント株式会社社長として、新人の育成、コンサルティング、講演会等を行っている。また「マリオ中島」と名乗り、「Alright」というブルースバンドを主宰し、ライブ活動も行う。

発行者　佐藤俊彦
発行所　株式会社ワニ・プラス
〒150-8482
東京都渋谷区恵比寿4-4-9　えびす大黒ビル7F
電話　03-5449-2171（編集）
発売元　株式会社ワニブックス
〒150-8482
東京都渋谷区恵比寿4-4-9　えびす大黒ビル
電話　03-5449-2711（代表）
装丁　橘田浩志（アティック）
柏原宗績
編集協力　柳沢敬法
DTP　平林弘子
印刷・製本所　大日本印刷株式会社

ISBN 978-4-8470-6154-7
ワニブックスHP　https://www.wani.co.jp